Bonaventura

Baum des Lebens

Geistliche Betrachtungen

hrsg. von Marianne Schlosser

Bonaventura

Baum des Lebens

Geistliche Betrachtungen

übersetzt und kommentiert
von Marianne Schlosser

eos

Umschlagbild: Taddeo Gaddi (1290-1366) – Lebensbaum im Refektorium des ehemaligen Franziskanerklosters Santa Croce (Florenz)

Erstmals veröffentlicht in
Christina Mülling, Der Lebensbaum. Ein Arbeits- und Exerzitienbuch zur Franziskanischen Spiritualität, Paderborn 2002, S. 274-318

Übersetzung aus dem Lateinischen nach
Lignum Vitae, in: S. Bonaventurae Opera omnia VIII, 68-87

mail@eos-verlag.de
www.eos-verlag.de

ISBN 978-3-8306-7535-8

Bibliografische Information der Deutschen Bibliothek
Die Deutsche Bibliothek verzeichnet diese Publikation in der Deutschen Nationalbibliografie; detaillierte bibliografische Angaben sind im Internet unter http://dnb.ddb.de abrufbar.

Printed in Germany

Inhalt

Hinführung

Ein erfolgreiches Betrachtungsbuch

Das *Lignum Vitae* ist ein „Betrachtungsbuch“, das vielleicht um das Jahr 1260 von Bonaventura geschrieben wurde. Zusammen mit dem *Itinerarium mentis in Deum* und *De triplici via* gehört es zu den bekanntesten seiner mystisch-geistlichen Werke, ja man kann vielleicht sagen, es sei das populärste. Wie weit verbreitet der lateinische Text war, zeigen die nahezu zweihundert Handschriften, welche die Editoren der Bonaventura-Ausgabe (Opera omnia VIII, Prolegomena: XLI-XLIX, Text: 68-87) aufgelistet haben. Das *Lignum Vitae* wurde schon bald in Volkssprachen übersetzt, von zahlreichen Autoren aufgegriffen und teilweise erweitert. Unter den geistlichen Schriftstellern, die sich von ihm inspirieren ließen, ist wohl der berühmteste Ubertin von Casale mit seinem Werk *Arbor vitae crucifixae Iesu*, der nicht nur die Grundidee des „Lebens-Baumes“, sondern auch mehrere von Bonaventuras Meditationen wörtlich übernahm.

Das *Lignum Vitae* scheint aber nicht nur „gelesen“ worden zu sein. Bereits Bonaventura selbst hatte die Überschriften der 48 Betrachtungen in vierzeilige Strophen gegliedert und zu einer Art Litanei zusammengestellt. Eine solche Kurzfassung sollte die Einprägung der einzelnen Heilsgeheimnisse ins Gedächtnis – auch ohne ein Buch zur Hand zu haben – erleichtern. Diese „Litanei" wurde auch separat überliefert und bearbeitet. Die handschriftliche Überlieferung zeigt, dass die Strophen, nach denen jeweils ein Kehrvers folgte (s. u. *Prolog nn. 3.6*), bereits sehr früh zum Singen eingerichtet waren – etwa in einer Darmstädter Handschrift aus dem 13. Jahrhundert und einer Berliner Handschrift aus dem 14. Jahrhundert. Es ist nicht auszuschließen, dass auch die musikalische Fassung auf Bonaventura selbst zurückgeht. Mit größter Wahrscheinlichkeit hat er dem Text auch eine Skizze des Baumes und seiner 12 Früchte beigegeben.

Heils-Geheimnisse

Die 48 Betrachtungen der „Heilsgeheimnisse" gliedern sich in drei große Teile: die Geburt und das Leben Jesu betreffend, sein Leiden und Sterben, seine Auferstehung und verherrlichtes Leben als Haupt der Kirche. Der Vergleich mit dem dreifachen *Rosenkranz*, dessen Betrachtungspunkte wir auch heute noch als „Rosenkranz-Geheimnisse" bezeichnen, liegt nahe. Ebenso erinnert der Mittelteil an die Stationen des *Kreuzwegs*, die ja zu Bonaventuras Zeit noch nicht auf die heutigen 14 Stationen festgelegt waren, wie auch der Rosenkranz noch keine feste Form hatte.

Was hier betrachtet wird, sind die *„mysteria"* Christi, „die Geheimnisse des Lebens Jesu". Unter „Geheimnis" ist aber nicht einfachhin etwas „Unbekanntes" oder

Bonaventura – O crux frutex salvificus (Darmstädter Handschrift, 13. Jh.)

Undurchdringliches zu verstehen, freilich jedoch etwas, das denkerisch nicht auszuschöpfen ist. Ein „mysterium" ist eine Wirklichkeit, die tiefer ist als man zunächst meint, eine Wirklichkeit, die *Wirksamkeit* entfaltet.

In der Theologie der Kirchenväter, die wiederum hier besonders aus der paulinischen Theologie gespeist wird, sind *„mysteria"* die Ereignisse der Heilsgeschichte, insofern sie mit *dem „mysterium"* schlechthin, nämlich *Christus als dem menschgewordenen Sohn Gottes und Erlöser* (vgl. Röm 16,25f.; 1 Kor 2,7; Eph 3,9; Kol 1,26), verbunden sind oder auf ihn verweisen.

Als *mysteria* gelten daher bestimmte Ereignisse im *Alten Testament,* etwa: Josua führt das Volk ins Gelobte Land, Gott lässt Manna regnen, Elija erweckt das Kind seiner Gastgeberin vom Tod etc., Ereignisse also, die typologisch auf das endgültige Heilshandeln Gottes in seinem Sohn vorausweisen. Diese Ereignisse sind mehr als das, was sie historisch sind; sie sind über den unmittelbaren Bedeutungszusammenhang hinaus Zeichen und Gleichnisse für die Fülle der Erlösung in Christus. Daher zieht Bonaventura so oft die Verbindung zu den „Typoi", den Vorausbildern Christi: Er ist „der wahre Salomo" als Friedensfürst, „der wahre Samson" als Befreier, „der wahre Joseph" als Retter seiner ungetreuen Brüder usf., weil in ihm das verheißene, im Voraus angedeutete Heil volle Wirklichkeit ist.

Zugleich sind die Ereignisse *im Leben Jesu selbst* „mysteria": heilsbedeutsame Geschehnisse, die mit seiner gott-menschlichen Existenz verknüpft sind. Eine besonders eindringliche theologische Darlegung der „Mysteria des Lebens Jesu" schrieb übrigens Bonaventuras Zeitgenosse Thomas von Aquin im *3. Teil der Summa theologiae (qq. 27-59)*. Die Taufe Jesu, seine Versuchung, Verklärung und alle seine Taten vor und nach der Auferstehung dehnen ihre Wirkung auf das Leben der gesamten Kirche und des einzelnen Gläubigen aus. Weil Christus als Menschgewordener das Haupt der Kirche ist, also mit seinen Gliedern bleibend verbunden ist, gilt: Was am Haupt, Christus, geschehen ist, hat Auswirkungen auf den Leib, die Kirche. Zum Beispiel: Durch das Getauftwerden Jesu im Jordan wurde alles Wasser „prinzipiell", d.h. vom Ursprung her, geheiligt, so dass es künftig als materielles Element der Taufe dienen wird. Gerade die „mysteria" im engsten Sinn, nämlich die *Sakramente* der Kirche, quellen aus dem Mysterium des menschgewordenen Erlösers.

Betrachtung

Das lateinische Wort „meditari" bedeutete ursprünglich (wie auch in seinem griechischen Äquivalent: *meléte*) einfach „Übung". Im geistigen Bereich „übt" man etwas, indem man es sich durch Wiederholung einprägt und innerlich aneignet. Daher ist mit dem auch in der lateinischen Bibel gebräuchlichen Terminus das Memorieren von Worten verbunden. Wer „meditiert", der „bewegt" mit seinen Lippen – oder später nur mehr „im Herzen" (Maria: Lk 2,51) – die Worte der Heiligen Schrift: „Der

Mund des Gerechten bewegt Worte der Weisheit" – „os iusti meditabitur sapientiam" (Ps 37,30). Die *meditatio* wächst aus dem Hören bzw. Lesen des Gotteswortes (*lectio divina*) und hat zum Ziel, dessen ganze Wahrheit zu erfassen und tiefer damit vertraut zu werden: Das Wort Gottes, die Taten Jesu sollen im Herzen des Gläubigen einwurzeln und präsent sein, so dass sie das Leben formen. Die Zusammenstellung der Geheimnisse des Rosenkranzes, der Kreuzwegstationen und eben auch des Lebens Jesu im „Lebensbaum" ermöglichten die schriftgemäße Betrachtung und das innere Gebet auch für Gläubige, denen kein Bibeltext zur Lesung zur Verfügung stand oder die nicht lesen konnten. Betrachtung, das wird auch in Bonaventuras Meditationen deutlich, mündet ins Gebet (*oratio*), die Anrede des Betrachteten in Lob und Freude, in Reue und Bitte.

„Betrachtung" – als „Nachsinnen", oder auch als „schauendes Verweilen mit liebendem Blick" (*contemplatio*) – bedeutet nicht einfach das Kennenlernen von Einzelheiten. Denn in der Betrachtung dieser alles andere als zufälligen Geschehnisse, ebenso wie in ihrer liturgischen Feier, berührt der Christ die Tiefendimension des Lebens, Wirkens und Leidens Christi: Das Geheimnis seines Herzens. Er begegnet in den einzelnen „mysteria" dem „mysterium Christi" selbst: seinem Erlöser. Ihm, der den Weg zum Vater öffnet, im Heiligen Geist zu begegnen, ist das Wesen der christlichen Mystik.

Baum des Lebens

Lignum vitae

Skizze des Lebensbaumes: Die „Geheimnisse" sind auf verschiedenen Höhen des Stammes zu finden, die Früchte am Ende der davon abgehenden Zweige, an denen die Betrachtungen als Blätter hängen.

Prolog

1. „Mit Christus bin ich gekreuzigt" (Gal 2,19).
Wer wahrhaft Gott verehrt und Christi Jünger ist, und daher sich von Herzen sehnt, dem Erlöser aller, dem für ihn Gekreuzigten, ganz und gar gleichgestaltet zu werden, der muss vor allem auf eines die Aufmerksamkeit seines Geistes richten: das Kreuz Christi Jesu beständig zu tragen, geistig wie leiblich[1], bis er das zitierte Wort des Apostels wahrhaftig in sich selbst zu empfinden vermag.

Keiner verdient ja, dieses Empfinden im Herzen[2] lebendig zu verspüren, der auf die Passion des Herrn keinen Gedanken verschwendet und undankbar ist, sondern nur derjenige, der die Mühsal, den Schmerz und die Liebe des gekreuzigten Jesus so lebendig im *Gedenken*, so klar im *Erkennen*, und mit solcher Liebe im *Willen* be-

---

1 Oder: „innerlich wie äußerlich". D.h. Kreuztragen im Sinn Bonaventuras ist nicht nur eine Sache des inneren Mitleidens, sondern auch des Umgangs mit äußeren Wider-fahrnissen; es ist aber auch umgekehrt nicht nur das Ertragen äußerer „Kreuze", sondern setzt die richtige Einstellung voraus: die Verbundenheit mit Christus.

2 Lat. *affectum et sensum. Affectus* kommt bei Bonaventura sehr häufig vor und umfasst mehrere Bedeutungen: 1. Strebe-/Liebeskraft der Seele, man könnte sagen: der Wille, insofern er mit dem Empfinden verbunden ist; 2. eine *bestimmte* Empfindung, Neigung, *Bewegung* und zugleich *tiefe Gestimmtheit* des Herzens, z.B. *affectus caritatis:* herzliche Liebe; *affectus devotionis:* liebendes Vertrauen.

trachtet, dass er wirklich und wahrhaftig mit der Braut des Hohenliedes jenes Wort aussprechen darf: „Ein Myrrhenbüschel ist mein Geliebter mir, er weilt *(commorabitur)* an meiner Brust“ (Hld 1,13, Vg 1,12)[3].

2. Ich habe mir Mühe gegeben, aus dem Wald des heiligen Evangeliums, in dem vom Leben, dem Leiden und der Verherrlichung Jesu ausführlich berichtet wird, nun dieses „Myrrhenbüschel“ zu pflücken: zur Entflammung des Herzens in liebendem Empfinden, zur Formung des Denkens und zur Einprägung in das Gedächtnis.

Ich habe das Sträußlein zusammengebunden aus wenigen, der Reihe nach geordneten und einander entsprechenden Worten[4], damit es sich dem Gedächtnis leichter einprägt – denn ich dachte besonders auch an einfache, ganz gewöhnliche Leute, die keine höhere Bildung ha-

---

3 Wörtlich: „er weilt zwischen meinen Brüsten“, d. h. an der Stelle des Herzens. Körperliche Organe (Nieren, Herz, etc.) stehen in der Sprache der Bibel – und daher auch bei den Kirchenvätern und mittelalterlichen Theologen – häufig für bestimmte Gemütsregungen, insbesondere gilt dies für das *Herz*. Daher kann sogar Gott ein Herz haben, das sich „ihm umdreht“ (Hos 11,8) – ein Text, der gewissermaßen die alttestamentlichen Wurzeln der Herz-Jesu-Verehrung erkennen lässt. Ein häufig gebrauchtes Real-Symbol sind die „Eingeweide“ – lat. *viscera* –: sie bezeichnen die Stärke eines Empfindens, besonders des *Erbarmens* („durch unseres Gottes herzliches Erbarmen – *per viscera misericordiae Dei nostri* – hat uns besucht das aufstrahlende Licht aus der Höhe“: Lk 1,78). *Viscera* weckt auch die Assoziation des bergenden „Mutterschoßes“.

4 D.h.: das „Lignum vitae“ ist eine *kurze* Zusammenfassung der Botschaft von Jesus Christus, der zeitlichen *Abfolge* der heilsgeschichtlichen Ereignisse entsprechend, und die einzelnen Kapitel bzw. Betrachtungen haben eine *parallele Struktur*.

ben; außerdem soll die Untugend unterbunden werden, in einer Vielzahl von Gedanken herumzuschweifen[5], statt dessen soll die Hingabe an Gott[6] gefördert und der liebende Glaube auferbaut werden. –

Weil die Vorstellungskraft die Einsicht unterstützt, habe ich das Wenige, was ich aus Vielem zusammengetragen habe, an einem Baum, den man sich vorstellen soll, angeordnet: Unten, wo er sich zu verzweigen beginnt, soll der Ursprung des Erlösers und sein Leben beschrieben werden, an den Zweigen in der Mitte sein Leiden, an den obersten Zweigen seine Verherrlichung.

---

5 daher: „wenige Worte", um nicht zur Ablenkung Gelegenheit zu geben. Das hier verwendete Wort *curiositas* – *„Neugierde"* – bedeutet eine recht negative Haltung: wenn die Erkenntniskraft des Menschen nicht eigentlich nach der Wahrheit, sondern nur nach „Vielheit" des Wissens strebt. Sie ist verbunden mit Taktlosigkeit (Alles-wissen-Wollen, ohne Ehrfurcht), ja Gefühllosigkeit; es geschieht keine Bindung an das Erkannte. Hinsichtlich der Kontemplation ist *curiositas* ein schweres Hindernis, da sie mangelnde Konzentrierung der Gedanken auf den Kern, Abschweifung in alles Mögliche, Unwichtige bewirkt, aber auch Verstiegenheit in theologische Spekulationen, ohne dass sich eigentlich das Herz engagiert – eine Art Flucht vor dem „wirklich" bzw. „tief Denken". *Curiositas* zeigt die (erbsündliche) Schwäche des menschlichen Denkens, das Qualität durch Quantität ersetzen will. Das Gegenteil der *curiositas* wäre die *pietas*, d.h., das rechte Empfinden für den Gegenstand, mit dem man sich beschäftigt. Zu diesem Denken wollen die Betrachtungen des *„Lignum vitae"* anleiten.

6 Lat.: *devotio*. Das Wort lässt sich im Deutschen nur schwer wiedergeben, vielleicht am ehesten als: „Geist des Gebetes". Der *homo Deo devotus* ist Gott vertrauensvoll zugewandt, verlässt sich auf ihn und gibt sich in seine Hand. Er will Gottes Willen tun und fühlt sich bei Gott geborgen. - Vgl. etwa den häufigen Gebrauch des Wortes bei Franziskus!

An der ersten Reihe der Zweige hängen alphabetisch geordnet vier kurze Strophen, und ebenso an der mittleren und obersten Reihe; und aus jeder erwächst eine Frucht, so dass es gleichsam zwölf Zweige sind, die zwölf Früchte bringen, wie es dem Geheimnis des Lebensbaumes entspricht (Offb 22,1f.)[7]

3. Stelle dir also im Geiste einen Baum vor, dessen Wurzeln benetzt werden von der immersprudelnden Quelle (vgl. Ps 1,3), die zum lebendigen und gewaltigen Strom wird (vgl. Ez 47, 1-12), um in vier Hauptflüssen (Gen 2,10) das Paradies der Kirche zu bewässern[8].

Aus dem Stamm dieses Baumes entspringen zwölf Äste, geschmückt mit Laub, Blüten und Früchten. Sein Laub ist das wirksamste Heilmittel gegen jede Art von Krankheit (Ez 47,12), es bewahrt vor Krankheit und es

---

7 Vermutlich hat bereits Bonaventura selbst dem Text des „*Lignum vitae*" eine Zeichnung des Baumes beigegeben; viele Codices, die das LV überliefern, bringen auch eine teilweise sehr kunstvolle bildliche Darstellung des Baumes mit seinen Zweigen und Früchten. Der Hinweis, die Strophen seien an dem Baum alphabetisch angeordnet, dürfte sich (so die Herausgeber der Quaracchi-Ausgabe) auf eine Kennzeichnung durch Buchstaben (ABCD) beziehen.

8 Die vier Flüsse des Paradieses werden oft in Verbindung mit den vier Evangelien gebracht: Sie bewässern vierfach die Kirche, haben aber zum Inhalt nur eine „Quelle": das menschgewordene WORT Gottes. Ebenso wird seit alters die Vision Ezechiels von der Quelle, die im Tempel entspringt und zu einem lebensspendenden Strom anschwillt, als Vorausbild der „Ströme lebendigen Wassers" gedeutet, die letztlich nur Christus – der Tempel Gottes schlechthin– ausströmen kann (vgl. Joh 7,37f.; 4,10.14 u.a.).

wirkt Genesung; denn „das Wort vom Kreuz ist eine Kraft Gottes, die alle rettet, die glauben“ (Röm 1,16). Die Blüte aber ist geziert mit aller Farben Pracht und verströmt allen Wohlgeruch, der die bedrängten Herzen derer, die voll Sehnsucht sind, belebt und sie zu sich zieht[9]. Die Frucht schließlich ist zwölffach, sie „enthält alle Wonne und allen Wohlgeschmack in sich“ (Weish 16,20); Gottes Hausgenossen wird sie zu kosten gegeben, auf dass sie essen und sich immer an ihr sättigen, ohne dass sie jemals ihrer überdrüssig würden.

Dies ist die Frucht, die aus dem Schoß der Jungfrau ihren Ursprung nahm,

die zur Mittagszeit am Holz des Kreuzes durch die Glut der Ewigen Sonne, nämlich Christi Liebe, zu ihrem Wohlgeschmack reifte,

die Frucht, die im himmlischen Paradiesesgarten[10], das ist: am Tisch Gottes, denen zu kosten gegeben wird, die sich danach sehnen.[11]

Eben das soll der erste Vers bedeuten:

---

9 Vgl. die Lehre von den geistlichen Sinnen: der Geruchssinn entspricht der Tugend der Hoffnung (Vor-geschmack); Duft zieht an (Hld 1,3.4: „ziehe mich nach Dir - wir wollen dem Duft deiner Salben nachlaufen“).

10 Das himmlische Paradies ist der Ort der Seligen, das irdische Paradies war der Garten Eden. Die Kirche ist aber dem himmlischen Paradies näher als dem irdischen.

11 Die dreifache Hingabe des Sohnes Gottes in der Menschwerdung, dem Kreuzestod und dem Altarssakrament kann man als die Säulen der franziskanisch-klarianischen Spiritualität bezeichnen; man hat dafür die Kurzformel geprägt: Krippe – Kreuz – Altar.

O Kreuz,
Fruchtbaum, der das Heil uns bringt,
getränkt vom lebendigen Quell,
dessen Blüte Duft ausströmt,
nach dessen Frucht unser Verlangen steht.

4. Obwohl diese Frucht eine einzige und ungeteilt ist, so speist sie doch alle Seelen, die sich Gott anvertrauen, mit vielfachem Trost; denn diese Frucht ist vielfältig nach Stand, Würde, Tugend und Werk. Doch lassen sich die einzelnen Früchte [bzw. Tröstungen] auf zwölf zurückführen. Daher wird die Frucht dieses Lebensbaumes in zwölf Geschmacksrichtungen an zwölf Ästen vorgestellt und beschrieben.

Am ersten Zweig soll die Christus liebende Seele den Geschmack der Süßigkeit aufnehmen, indem sie sich den herrlichen *Ursprung* und die süße[12] *Geburt* ihres Erlösers ins Gedächtnis ruft;

---

12 „Süß“: lat. *suavis – dulcis:* Dieser Ausdruck kommt im LV sehr häufig vor. Im folgenden wird nicht immer die wörtliche Übertragung gewählt. Generell ist zu beachten, dass die „Süße“ einer Person, ihrer Eigenschaften oder ihres Verhaltens nichts mit „niedlich“ zu tun hat! Vertraut ist vielen Christen noch die Anrufung Mariens im *Salve Regina* als „gütige, milde, *süße* Jungfrau“. Diese „Süße“ bedeutet eine Empfindungsqualität im *geistigen Bereich*, sie kennzeichnet das Wesen einer Person unter einer bestimmten Hinsicht. Im Wortfeld des „Sehens“ gibt es übrigens ähnliche Ausdrucksweisen: Ein Gesicht voll *Freude* wird als *„strahlend“* bezeichnet, obwohl es natürlich physikalisch auch nicht heller ist als ein „finsteres“ Gesicht. Ähnliches gilt für das Wortfeld des „Schmeckens“: „Süß“ ist erstens das Gegenteil von „bitter“; was ein bitterer oder „verbitterter“ Mensch ist, ist sofort klar. Zweitens: „Süße“ im geisti-

am zweiten Zweig: den ganz demütigen *Wandel auf Erden* – und zugleich die Würde dessen, der sich so herabbeugen wollte;

am dritten: seine *Erhabenheit* aufgrund vollkommener Tugend,

am vierten: die Fülle seines überströmenden *Erbarmens*,

am fünften: sein *Vertrauen*, als das Leiden drohend nahte,

am sechsten: die *Geduld*, die er angesichts aller Ungerechtigkeiten und ungeheuerlichen Schmähungen bewies,

am siebten: die *Standhaftigkeit*, die er bei der Kreuzigung selbst und unter den furchtbarsten Schmerzen des Kreuzesleidens bewahrte,

am achten Zweig: den *Sieg*, den er im Todeskampf und im Hinübergang errang.

Am neunten Zweig: das *neue Leben* der Auferstehung, geziert mit wunderbaren Gaben,[13]

---

gen Bereich ist verbunden mit „Friede" und Harmonie. Drittens: „Süße" wird – etwa bei Bernhard von Clairvaux – oft ganz speziell auf *Christus als Mensch* bezogen. Ein Mensch ist „süß", wenn in ihm nichts Bitteres, Feindliches, nichts Verborgenes ist, wenn er vollkommen „gut" ist. Die Wahrnehmung dieses Gut-Seins einer Person, die sich als Güte verströmt, ist die „Süße". Viertens: „Süß" ist im Gegensatz zu Tod und Verwesung, was lebendig ist und Leben verleiht. Die „süße Geburt" des Herrn meint somit: die Wahrnehmung der darin zum Ausdruck kommenden vollkommenen Liebe, die unvergängliches Leben schenkt.

13 Gemeint ist die verklärte menschliche Natur, s.u. Nr. 35.

am zehnten: seine *Hoheit* in der Himmelfahrt, welche geistliche Gaben schenkte[14],

am elften: seine *Gerechtigkeit,* wenn er zum Gericht kommt,

am zwölften Zweig: die *Ewigkeit* seiner Königsherrschaft.

5. Ich nenne dies alles „Früchte", weil sie durch vielfältige Süße erfreuen, und weil sie durch ihre Kräftigkeit die Seele, die darüber nachsinnt und sie einzeln mit Sorgfalt erwägt, stärken – vorausgesetzt, sie wendet sich mit Schaudern vom schlechten Beispiel Adams ab, der das Gebot übertrat und den „Baum der Erkenntnis von Gut und Böse" dem „Baum des Lebens" vorzog (Gen 2,9)[15]. Dies ist nur zu vermeiden, indem man der bloßen Vernünftigkeit den Glauben[16] vorzieht, dem

---

14 vgl. Ps. 68,19, der in Eph 4,8 etwas verändert zitiert wird: „Du stiegst zur Höhe auf und führtest Gefangene mit, du gabst den Menschen Geschenke"; vor allem ist an *die* Gabe schlechthin, den Heiligen Geist, gedacht. Vgl. die liturgischen Texte zum Fest Christi Himmelfahrt.

15 Der „Baum des Lebens", nicht mit dem Baum der Erkenntnis von Gut und Böse identisch, ist für Bonaventura gewissermaßen das „Sakrament" des Paradieses. Er repräsentiert Christus, durch den der Mensch – auch wenn er nicht in die Sünde gefallen wäre – das Ewige Leben erhalten sollte.

16 Vernunft und Glaube stehen für Bonaventura keineswegs in unversöhnlichem Gegensatz, im Gegenteil: Der Glaube, der mit der Liebe verbunden ist, treibt die Vernunft an, über Gott nachzudenken, um ihn tiefer zu erkennen. An dieser Stelle jedoch warnt Bonaventura vor der Gefahr, dass die Vernunft sich absolut setzt, und nichts mehr anerkennen will, als was aus ihr selbst stammt. Die Folge davon wäre, dass die Beziehung

Forschen die Hingabe an Gott, dem Alles-Wissen-Wollen den schlichten Blick[17], allem fleischlichen Sinnen und der Klugheit des Fleisches das Kreuz Christi[18]. Denn durch das Kreuz wird die Liebe des Hl. Geistes in unseren Herzen genährt und die siebenfältige Gnade ausgegossen, um die man bei den letzten beiden Zweigen bittet.[19]

6. Man soll also nicht ohne innige Liebe und nicht ohne Tränen sprechen:

> Speise uns mit dieser Frucht,
> gib unserem Denken Licht,
> führ uns stets auf rechten Wegen
> zuschanden mach des alten Feindes List.

---

zu Gott abgeschnitten wird, der immer größer ist als was der Mensch aus sich wissen kann, und der sich als Person offenbaren muss, damit er wirklich bekannt wird. Franziskus hatte diese Gefahr nicht weniger deutlich gesehen: Vgl. etwa *Ermahnung 5* und *7* (in: L. Lehmann, Das Testament eines Armen. Die Schriften des Franz von Assisi, Werl 1999, hier 60f.).

17 lat. *simplicitas*, ist eine Tugend, nicht geistige Untätigkeit! Gemeint ist die Schlichtheit, Lauterkeit, wörtlich: Ein-Faltigkeit, einer Seele, die ohne Winkel(züge) ist. Nach Franziskus, *Gruß an die Tugenden*, ist diese „heilige, reine Einfalt die Schwester der Weisheit" (Lehmann, 43).

18 Vgl. 1 Kor 2,6-14.

19 Der folgende Achtzeiler fasst die sieben Geistesgaben zusammen: Speise – *Weisheit*, Licht – *Einsicht*, rechter Weg – *Rat*, Abwehr des Feindes – *Tapferkeit/Stärke*, heiliger Glanz – *Wissenschaft*, innere Liebe – *Erbarmen/„Frömmigkeit"*, Ruhe finden – *Furcht des Herrn*.

Erfülle uns mit heil'gem Glanz
hauch uns der Liebe Atem zu,
die Christus fürchten[20], denen sei
der Ort des Friedens du.

20 *timor Domini;* zur Furcht als Gabe des Hl. Geistes s. das Gebet zum Abschluss des *Lignum Vitae.*

Das Geheimnis des Ursprungs

Erste Frucht: Von edlem Ursprung

Jesus, aus Gott gezeugt
Jesus, [im Alten Testament] vorausbedeutet
Jesus, vom Himmel gesandt
Jesus, von Maria geboren

Zweite Frucht: Die Demut seines Wandels auf Erden

Jesus, den Vätern [des Alten Bundes] gleichgestaltet
Jesus, den Magiern gezeigt
Jesus, dem Gesetz unterstellt
Jesus, aus seinem Reich vertrieben

Dritte Frucht: Die Erhabenheit seiner Tugend

Jesus, der Täufer vom Himmel
Jesus, vom Widersacher in Versuchung geführt
Jesus, der Wunder und Zeichen tut
Jesus, verklärt

Vierte Frucht: Die Fülle seines Erbarmens

Jesus, der besorgte Hirte
Jesus, von Tränen überströmt
Jesus, als König des Erdkreises anerkannt
Jesus, im Sakrament des Brotes

Das Geheimnis des Leidens

Fünfte Frucht: Sein Vertrauen in Gefahr

Jesus, verraten und verkauft
Jesus, im Gebet auf den Boden hingestreckt
Jesus, von der Schar der Häscher umzingelt
Jesus, mit Fesseln gebunden

Sechste Frucht: Seine Geduld im Erleiden des Unrechts

Jesus, seinen Bekannten unbekannt
Jesus, das Antlitz verhüllt
Jesus, dem Pilatus ausgeliefert
Jesus, zum Tode verurteilt

Siebte Frucht: Seine Standhaftigkeit im äußersten Leiden

Jesus, von allen verachtet
Jesus, ans Kreuz genagelt
Jesus, Räubern zugesellt
Jesus, mit Galle getränkt

Achte Frucht: Sein Sieg im letzten Kampf

Jesus, Sonne, die im Tod erbleicht
Jesus, von der Lanze durchbohrt
Jesus, von Blut überströmt
Jesus, ins Grab gelegt

Das Geheimnis der Verherrlichung

Neunte Frucht: Sein neues Leben in der Auferstehung

Jesus, durch seinen Tod triumphierend
Jesus, selig auferstehend
Jesus, höchste Zierde
Jesus, Herrscher des Erdkreises

Zehnte Frucht: Seine Hoheit in der Himmelfahrt

Jesus, Heerführer
Jesus, zum Himmel erhoben
Jesus, der den Geist in Fülle gibt
Jesus, der von Schuld löst

Elfte Frucht: Die Gerechtigkeit seines Gerichts

Jesus, wahrhaftiger Zeuge
Jesus, erzürnter Richter
Jesus, herrlicher Sieger
Jesus, im Schmuck des Bräutigams

Zwölfte Frucht: Die Ewigkeit seines Reiches

Jesus, König und Sohn des Königs
Jesus, versiegeltes Buch
Jesus, Quellstrahl des Lichts
Jesus, ersehntes Ziel.

Erhebe Dich also, Seele, die du Christus liebst,
und schau mit liebender Achtsamkeit[21]
auf die Dinge, die von Jesus berichtet werden,
betrachte sie aufmerksam[22],
und nimm dir Zeit, sie zu erwägen[23].

21 *diligentius discute.*

22 *attente considera.*

23 *morose pertracta.*

Das Geheimnis des Ursprungs

Die erste Frucht: Der Adel seines Ursprungs

1. Jesus, aus Gott gezeugt

Wenn du vernimmst, Jesus sei aus Gott gezeugt, dann hüte dich, dass sich nicht dem Auge deines Geistes eine unreife Vorstellung fleischlichen Denkens bietet. Vielmehr sollst du mit dem Blick der Taube und des Adlers[24] in schlichtem Glauben und klarsichtiger Beschauung dieses Geheimnis betrachten: Aus jenem ewigen Licht, das zugleich unermesslich und ganz einfach, von strahlendster Helle und zugleich höchst verborgen ist, geht ein gleichewiger, gleichrangiger, gleichwesentlicher Glanz aus. Er ist die Kraft und die Weisheit des Zeugenden, in ihm hat der Vater von Ewigkeit her alles geordnet. Durch ihn hat er die Zeiten erschaffen (Hebr 1,2). Durch ihn lenkt er das Geschaffene und ordnet es auf Seine Verherrlichung hin, und zwar teils durch die Kräfte der Natur, teils durch das Wirken der Gnade, teils durch die Gerechtigkeit, teils durch die Barmherzigkeit.

---

24 Die „Taube“ steht generell für Sanftmut, Einfalt, Schlichtheit, Friedfertigkeit (da nach der antiken und mittelalterlichen Auffassung die Taube keine Galle hat). Im Hld (z.B. 2,14; 5,2) wird die Braut zärtlich Taube genannt. – Der Adler, Symbol für den Evangelisten Johannes, symbolisiert die Kontemplation, wegen seines hohen Fluges, der ihn befähigt, „in die Sonne zu schauen“.

So sollte nichts in der Welt außerhalb dieser Ordnung stehen.

2. Jesus, [im Alten Testament] vorausbedeutet [vgl. Hebr 11]

Zunächst waren die Stammeltern in den Paradiesesgarten gesetzt worden; nachdem sie aber von dem verbotenen Baum gegessen hatten, wurden sie daraus vertrieben, wie es Gott in seiner Strenge festgesetzt hatte. Doch von Anfang der Schöpfung an hat Gott in seiner Barmherzigkeit nicht gezögert, den auf Irrwege geratenen Menschen auf den Weg der Umkehr zurückzurufen, indem er ihm die Ankunft des Erlösers verhieß und ihm so die Hoffnung auf Vergebung schenkte.

Und damit nicht etwa aufgrund von Unkenntnis oder Undankbarkeit eine derartige Herabneigung Gottes für unser Heil unwirksam bliebe, hörte er nicht auf, in fünf Zeiten dieser Weltzeit[25] durch Patriarchen, Richter, Priester, Könige und Propheten, vom gerechten Abel bis zu Johannes dem Täufer, die Ankunft seines Sohnes vor-

25 Diese Zeiten sind seit Augustinus: Von Adam bis Noe, von Noe bis Abraham, von Abraham bis David, von David bis zur babylonischen Gefangenschaft, von da bis Christus. Mit Christus beginnt der sechste Tag, der bis zum Ende der Welt dauert. Der siebte Tag, der mit der Entschlafung Jesu begann (und dem Karsamstag entspricht) läuft parallel mit dem sechsten und umfasst die bereits Entschlafenen. Der achte Tag ist der Tag der leiblichen Auferstehung nach dem Jüngsten Gericht; siehe dazu *Breviloquium Prolog,* § 2.

auszuverkünden, zu verheißen und vorauszubilden[26]. So wollte er mit Hilfe der großen und Staunen erwekkenden Weissagungen, die sich durch tausende von Zeiten und Jahren hindurch vervielfachten, unser Verstehen dem Glauben zuwenden und daran aufrichten, und unser Streben in lebendiger Sehnsucht entflammen.[27]

3. *Jesus, vom Himmel gesandt*

Endlich war „die Fülle der Zeit gekommen“ (Gal 4,4):

Am sechsten Schöpfungstage war der Mensch erschaffen worden, indem er aus Erde durch die Kraft und Weisheit der Hand Gottes gebildet wurde. Dem entspricht, dass am Beginn des sechsten Zeitalters der Erzengel Gabriel zur Jungfrau gesandt wurde, und nachdem diese ihre Zustimmung gegeben hatte, der Heilige Geist über sie kam, wie göttliches Feuer, das ihren Geist entflammte und ihren Leib[28] vollkommen rein und hei-

---

26 Gemeint ist, dass nicht nur in Worten, etwa der Propheten, der Messias angekündigt wurde, sondern auch in den Taten bestimmter Personen und ihrem Geschick sein Geschick vorausgespiegelt wurde: z. B. in Abel, Mose, Elija, Ijob, Jeremia.

27 Die Folgen der Erbsünde betreffen die Erkenntnis und den Willen des Menschen: 1. das Verstehen ist in manchen Bereichen schwach (kein Adler!) oder verdreht (keine Taube!), – es muss „aufgerichtet“ werden durch den Glauben, der eine Erkenntnis ist; 2. das Streben ist lau und lahm, was Gott betrifft, und muss deswegen „entflammt“ werden.

28 Wörtlich „Fleisch“ – lat. *caro* – hat mehrere Bedeutungen: 1. Der Leib unter dem Gesichtspunkt, dass er materielle Substanz ist – diese Bedeutung ist hier gemeint. 2. *Caro* als Gegensatz und Widerpart zu *spiritus*, wie es Paulus formuliert: „Ihr aber

lig machte[29]. „Die Kraft des Allerhöchsten überschattete sie“, damit sie eine solche Glut überhaupt ertragen konnte. Durch das Wirken dieser Kraft wurde sogleich der Leib [Jesu] gebildet, die Seele erschaffen und zugleich beides mit der Gottheit in der Person des Sohnes geeint. So sollte ein und derselbe Gott und Mensch sein, wobei jede Natur ihre Eigenart bewahrt.

O wenn du doch, und sei's auch noch so wenig, nachfühlen könntest, was für ein gewaltiger Feuerbrand da vom Himmel fiel, welche Erfrischung zuteil wurde, welcher Trost sich ergoss, wie die jungfräuliche Mutter hier erhöht, wie das Menschengeschlecht hier geadelt wurde, wie sehr sich die Majestät herabgeneigt hat!

Wenn du hören könntest, wie die Jungfrau jubelnd singt,

wenn du mit deiner Herrin ins Bergland [von Judäa] aufsteigen,

die liebevolle Umarmung der Unfruchtbaren und der

---

seid nicht vom Fleisch, sondern vom Geist bestimmt“. „Fleisch“ in diesem Sinn ist der auf sich selbst bezogene Mensch vor der Umgestaltung durch die Gnade. 3. In einem speziellen Sinn (hier wird meist das Adjektiv *carnalis* gebraucht) ist „fleischlich“ derjenige Mensch, dessen Denken und Wünschen von den Trieben seines Körpers bestimmt wird.

29 Bonaventura nimmt selbstverständlich eine Reinigung und Begnadung Mariens im Schoß ihrer Mutter an (auch wenn er, ebenso wie Thomas von Aquin oder Bernhard von Clairvaux, theologisch noch nicht zur *unbefleckten Empfängnis* vorgedrungen ist). Zugleich nimmt er auch einen patristischen Gedanken auf, dass zum Zeitpunkt der Empfängnis Christi nochmals eine vollkommene Reinigung Mariens gewirkt wurde.

Jungfrau sehen könntest,

und den Gruß, in dem der kleine Knecht den Herrn, der Herold den Richter, die Stimme das WORT erkannte:

Ich glaube, dann würdest du mit der seligen Jungfrau in süßer Melodie jenes heilige Lied singen: „Meine Seele preist die Größe des Herrn",

und du würdest, wie der kleine Prophet, aufspringen vor Freude über die wunderbare jungfräuliche Empfängnis und voll Jubel anbeten![30]

4. Jesus, von Maria geboren

Das „tiefe Schweigen" (Weish 18,14) der allgemeinen Friedenszeit unter der Herrschaft des Kaisers Augustus hatte die vorher so unruhigen Zeiten derart beruhigt, dass es möglich wurde, aufgrund eines Ediktes des Kaisers den ganzen Erdkreis aufzuzeichnen. Es geschah durch die Vorsehung Gottes, dass Joseph, der Jungfrau Bräutigam, das schwangere Mädchen in die Stadt Bethlehem führte; denn sie war aus königlichem Geschlecht[31]. Schon waren seit der Empfängnis neun Monate verstrichen; da trat „jener Friedenskönig" (1 Chr

30 Dieser Abschnitt ist inspiriert von einer „Meditatio" (n.15), die – wie einige andere – Anselm von Canterbury zugeschrieben war, jedoch von dem Zisterzienser Aelred von Rielvaux († 1166) stammt. Der deutsche Text aller (21) „Meditationes" findet sich in: *Betrachtungen des hl. Anselm*, verdeutscht von den Benediktinermönchen Bernard Barth u. Alfons Hug, München 1926. Im folgenden zitiere ich die Verweise nach dieser Übersetzung.

31 Nach alter Tradition (Protoevangelium des Jakobus) stammt Maria aus dem Haus Davids.

22,9) „wie ein Bräutigam aus seiner Kammer“ (Ps 19,6) aus dem Schoß der Jungfrau hervor. Aus dem unversehrten Schoß trat er ans Licht, wie er auch ohne jeden Anhauch böser Begier empfangen worden war.

Er, der groß und reich war, wurde für uns gering und arm. Er wählte für sich, in einer „Herberge“ außer Haus geboren zu werden, in Windeln gewickelt, mit der Milch der Jungfrau genährt und zwischen Ochs und Esel in eine Krippe gelegt zu werden.

Da „brach strahlend an der Tag unserer Erlösung, der Wiedergutmachung der alten Schuld, der Tag des ewigen Glücks; da tauten die Himmel Honig allüberall auf der Welt.“[32]

Umarme nun, meine Seele, jene Krippe des Gotteskindes. Drücke deine Lippen auf die Füße des Kindes und verdopple deine Küsse.

Dann führe dir im Geist vor Augen, wie die Hirten Nachtwache halten, staune über die herbeiströmende Schar der Engel, und übernimm in der himmlischen Melodie deinen Teil, indem du mit Herz und Mund singst: „Ehre sei Gott in der Höhe, und auf der Erde Friede den Menschen guten Willens.“[33]

32 Röm. Brevier, Weihnachten, 1. Nocturn, 2. Responsorium.

33 Auch dieser Abschnitt nimmt die 15. Meditation Anselms bzw. Aelreds auf, Barth/Hug, S. 237.

Die zweite Frucht: Die Demut seines Lebenswandels

5. Jesus, den Vätern [des Alten Bundes] gleichgestaltet

Am achten Tage wird der Knabe beschnitten und erhält den Namen Jesus (Lk 2,14), damit er sich als dein wahrer Erlöser erweise, der ohne Zögern sein Blut als Lösepreis für dich vergießt, dein Erlöser, der den Vätern in Wort und Zeichen verheißen ward und ihnen in allem ähnlich wurde, mit Ausnahme der Unwissenheit und der Sünde. Daher wollte er auch das Siegel der Beschneidung empfangen; denn in seinem Kommen erschien er „in der Gestalt des Fleisches, das unter der Macht der Sünde steht, damit er an ihm die Sünde verurteile" (Röm 8,3) und für uns Heil und ewige Gerechtigkeit werde. Er setzte den Anfang mit der Demut, die ja die Wurzel und die Hüterin aller Tugenden ist.

Warum bist du dann überheblich, der du Erdenstaub und Asche bist? (Sir 10,9) Das schuldlose „Lamm, das die Sünden der Welt hinwegnimmt" (Joh 1,29), scheute nicht vor dem Messer der Beschneidung zurück, und du, der du ein Sünder bist, gibst vor, Du seiest ein Gerechter, und fliehst vor dem Heilmittel für das ewige Heil, zu dem du auf keinem andern Weg gelangen kannst als durch die willige Nachfolge des demütigen Erlösers.

6. *Jesus, den Magiern gezeigt*

Als der Herr zu Betlehem in Juda geboren war, erschien Magiern im Osten ein Stern (vgl. Mt 2), er leuchtete ihnen voran und führte sie bis zum Haus des demütigen Königs.

Weiche auch du nicht vom Glanz jenes im Osten aufstrahlenden und vorangehenden Sternes ab! Vielmehr werde zum Weggefährten der heiligen Könige[34], nimm die Schrift der Juden, die Zeugnis für Christus ablegt, gläubig an, und weiche der Bosheit des betrügerischen Königs aus. Mit Gold, Weihrauch und Myrrhe ehre Christus, den König, als wahren Gott und Menschen. Und mit den Erstlingen aus den Heidenvölkern, die zum Glauben gerufen werden sollten, bete Gott an, der demütig ist und in einer Wiege liegt. Bekenne dich zu ihm mit Lobpreis, damit du, gleichsam „im Traum gewarnt", nicht dem Hochmut des Herodes nachzueifern, auf den Spuren des demütigen Christus „in dein Land heimkehrst".

34 Dass die Magier schon bald als „Könige" bezeichnet werden, hängt mit den in der Liturgie des Epiphaniefestes verwendeten alttestamentlichen Texten zusammen: In der Huldigung der nicht-jüdischen Sterndeuter sah man die angekündigte Huldigung fremder Fürsten erfüllt: v.a. Ps 72, 10: „die Könige von Saba und Seba bringen Geschenke".

7. Jesus, dem Gesetz unterstellt

Es war dem Lehrmeister der vollkommenen Demut, der doch dem Vater in allem gleich kommt, nicht genug, sich der ganz demütigen Jungfrau unterzuordnen; er wollte sich auch noch dem Gesetz unterstellen, um „diejenigen, die unter dem Gesetz standen, loszukaufen und zu befreien von der Knechtschaft des Verderbens zur Freiheit der Herrlichkeit der Kinder Gottes“ (vgl. Gal 4,5 und Röm 8,21). Daher wollte er, dass auch seine Mutter, obwohl vollkommen rein, das Gesetz der Reinigung einhalte, und dass er selbst, der Erlöser aller, als Erstgeborener ausgelöst, also im Tempel Gottes dargebracht und ein Opfer für ihn gegeben werde – und dies in Gegenwart gerechter Menschen, die voll Jubel darüber waren.

Juble also auch du mit dem seligen Greis und der bejahrten Anna; mach dich auf, um der Mutter und dem Kind zu begegnen[35]. Liebe besiege die Scheu, Zuneigung vertreibe die Furcht. Auch du sollst das Kind in deine Arme nehmen und mit der Braut sprechen: „Ich halte ihn und lasse ihn nicht“ (Hld 3,4). Tanze im Dreischritt mit jenem heiligen Greis und singe: „Nun lässest du, Herr, deinen Knecht, wie du gesagt hast, in Frieden scheiden.“ (Lk 2,29)

---

35 In der Ostkirche heißt das Fest der Darstellung des Herrn: „Fest der Begegnung“ (Hypapante).

8. Jesus, aus seinem Reich vertrieben

Es ziemt sich, dass die vollkommene Demut im Schmuck dreier besonderer Tugenden einhergeht: nämlich der *Armut*, in der man den Reichtum flieht, weil dieser leicht den Hochmut aufflammen lässt, der *Geduld*, mit der man Verachtung erträgt, ohne aus der Fassung zu geraten, und des *Gehorsams*, in dem man anderer Leute Aufträgen gehorcht.

Daher lag es im Plane Gottes und sein höherer Ratschluss ließ es zu, dass das Königskind – während Herodes ihn suchen ließ, um ihn zu vernichten – auf ein Offenbarungswort vom Himmel her nach Ägypten gebracht wurde, als Fremdling und Armer, während er zugleich in den gleichaltrigen Kindern, die um seinetwillen getötet wurden, getötet und gleichsam in jedem von ihnen niedergemacht wurde.

Als schließlich Herodes tot war, wurde Jesus auf göttlichen Befehl hin zurückgebracht in das Land Juda, dort blieb er, „nahm zu an Alter und Wohlgefallen [bei Gott und den Menschen]“ (Lk 2,52), und er wohnte bei seinen Eltern. Ja, er war ihnen untertan, so dass er sich niemals auch nur für eine kurze Weile entzog, außer das eine Mal, als er im Alter von zwölf Jahren in Jerusalem zurückblieb, wo ihn seine Mutter mit großem Schmerz suchte und mit unermesslicher Freude wiederfand.

Lass also auch du die Mutter und das Kind auf ihrer Flucht nach Ägypten nicht ohne Begleitung! Mit der

Geliebten, die ihren Liebsten sucht (Hld 3,1-4), höre auch du nicht auf zu suchen, bis du ihn findest!

Wie würden Dir die Tränen reichlich kommen, wenn du mit dem Blick des Mitgefühls[36] die aller Ehrerbietung würdige Herrin und das zugleich so liebenswerte Mädchen sähest, wie sie mit dem zarten und schönen Knaben in der Fremde wandert! Oder auch wenn du den süßen Klang jener Zurechtweisung der Gottesmutter hören würdest: „Kind, warum hast du uns das getan?" – als ob sie sagen wollte: Mein Sohn, so über die Maßen vermisst, wie konntest du deiner so geliebten und dich liebenden Mutter einen solchen Anlass zum Schmerz bereiten?

---

36 wörtlich: *„piis oculis"*, schließt ein: speziell *Mitleid*, allgemein: richtiges Gefühl.

Dritte Frucht: Die Erhabenheit seiner Tugend

9. Jesus, der Täufer vom Himmel[37]

Als der Erlöser sein dreißigstes Jahr erreicht hatte und nun seinen Heilswillen für uns ins Werk setzen wollte, da setzte er den Anfang mit dem Tun, noch vor der Lehre (vgl. Apg 1,1)[38]. Er begann mit der Pforte der Sakramente und der Grundlage der Tugenden: er wollte sich von Johannes taufen lassen, um ein Vorbild vollkommener Gerechtigkeit vor Augen zu führen und „den Wassern durch die Berührung mit seinem reinsten Leib lebenserneuernde Kraft zu verleihen."[39]

Begleite auch du ihn in der Treue des Glaubens! Du bist ja bereits in ihm zum neuen Leben geboren, so begib dich noch tiefer in seine Geheimnisse, damit du „am Ufer des Jordan in der Stimme den Vater, im Fleische den Sohn und in der Taube den Heiligen Geist schauest; der Himmel der Dreifaltigkeit stehe dir offen"[40], mögest du empor getragen werden, hinein in Gott. [41]

---

37 D.h. die Taufe, die Christus empfing und einsetzte, „war vom Himmel", „nicht „von den Menschen" (vgl. Lk 20,4 parr.)

38 Vgl. auch Franziskus, der seine Brüder zuerst als Schüler des Evangeliums sehen wollte, bevor sie andere lehrten (*Legenda maior* XI, 1; vgl. *NbR* 17).

39 Beda Venerabilis, In Luc. I, cap. 3,21.

40 Anselm bzw. Aelred, *Meditatio XV* (Hug/Barth, S. 241).

41 lat.: *„in Deum"*. Die gleiche Formulierung findet sich im Titel des *Itinerarium mentis in Deum*. Es heißt nicht: „zu" Gott, sondern „in Gott hinein", um deutlich zu machen, dass es sich

10. Jesus, vom Widersacher in Versuchung geführt

„Jesus wurde vom Geist in die Wüste geführt, damit er vom Teufel versucht werde“ (Mt 4,1 ff.): Indem er in Demut die Angriffe des Feindes aushielt, wollte er uns demütig machen; indem er den Sieg errang, wollte er uns Mut und Kraft geben. Mit festem Mut nahm er das harte und einsame Leben auf sich, um den Herzen der Gläubigen Mut einzuflößen, den Weg der Vollkommenheit zu wagen, und um sie zu stärken, Schweres durchzustehen.

Nun also, Jünger Christi, durchforsche mit deinem barmherzigen Meister die Geheimnisse der Wüste. Als Gefährte der wilden Tiere, ahme deinen Meister nach und habe Teil am geheimnis-erfüllten Schweigen, am innigen Gebet, dem ganztägigen Fasten, dem dreifachen Kampf mit dem hinterhältigen Feind. Und lerne, dass du in jeder Anfechtung oder Prüfung bei ihm Zuflucht nehmen kannst, denn in ihm „haben wir nicht einen Hohenpriester, der nicht mitleiden könnte mit unseren Schwächen, da er um der Ähnlichkeit [mit uns] willen in allem versucht worden ist, aber nicht gesündigt hat.“ (Hebr 4,15)

---

nicht eigentlich um eine Ortsbewegung handelt – denn Gott ist schon gegenwärtig –, sondern um eine Überwindung der im eigenen Innern aufgerichteten Distanz und um Wachstum in immer tieferer Verbundenheit mit Gott (vgl. Marianne Schlosser, *Bonaventura begegnen*, S. 61f.).

11. Jesus, der Zeichen und Wunder tut

Er selbst ist es, „der allein große Wunder tut“ (Ps 72,18), wenn er die Elemente verändert, Brot vermehrt, auf dem Meer schreitet und die Fluten ruhig werden lässt, wenn er Dämonen in die Schranken weist und austreibt, Kranke heilt, Aussätzige rein macht und Tote erweckt – er, der Blinden das Augenlicht, Tauben das Gehör, Stummen die Sprache, Lahmen das Gehen, Gelähmten und Verkrüppelten die Sinne und Bewegungsfähigkeit wieder schenkt.

Zu ihm schreit das sündenbeladene Gewissen – zuweilen wie der Aussätzige, der Glauben hatte: „Herr, wenn du willst, kannst du mich rein machen“ (Lk 5,12; Mt 8,2); ein andermal wie der Hauptmann: „Herr, mein Knecht liegt zu Hause gelähmt danieder und leidet große Qual“ (Mt 8,6); dann wieder wie die Kanaanäische Frau: „Hab Erbarmen mit mir, Sohn Davids!“ (Mt 15,22), oder wie die Frau, welche unter Blutungen litt und sich sagte: „Wenn ich nur den Saum seines Gewandes berühre, werde ich geheilt sein“ (Mt 9,21); dann wieder wie Maria und Marta: Schau doch, „Herr, den du liebst, er ist krank“ (Joh 11,3).

12. Jesus, verklärt

Um dem menschlichen Geist Festigkeit zu verleihen durch die Hoffnung auf den ewigen Lohn, „nahm Jesus Petrus, Jakobus und Johannes [und führte sie] auf einen hohen, erhabenen Berg“ (Mt 17,1ff).

Dort eröffnete er ihnen das Mysterium der Dreifaltigkeit,

kündigte ihnen an, dass er leiden und durch die Menschen verworfen werde,

und zeigte ihnen in der Verklärung die Herrlichkeit der künftigen Auferstehung.

Zeugnis für ihn legten Gesetz und Propheten ab: in der Erscheinung des Mose und Elija;

Zeugnis gaben aber auch der Vater und der Hl. Geist: in der Stimme und in der Wolke.

So möge die Seele, die Christus innig ergeben, schon in der Wahrheit gefestigt und zum Gipfel der Tugend emporgeführt ist, voll Glauben mit Petrus sprechen: „Herr, es ist gut, dass wir hier sind" – das heißt: in der Beschauung, in der Du ungetrübt[42] und voll Wonne betrachtet wirst. In der Eingießung des himmlischen Geschmacks, erhoben über sich selbst, möge die Seele „geheimnisvolle Worte hören, die dem Menschen nicht erlaubt sind auszusprechen." (2 Kor 12,4)

---

42 *serenus:* eigentlich: „heiter" (wie der Himmel), auch „ruhig" und „klar".

Die vierte Frucht: Die Fülle seines Erbarmens

13. Jesus, der besorgte Hirte

Welch große Sorge der liebevolle Hirte um die verlorenen Schafe trug, und mit welcher Güte er sich kümmerte, das deutet der gute Hirte selber an: in seinem Gleichnis vom Hirten und dem verlorenen hundertsten Schaf, das mit Mühen und Sorgen gesucht, endlich gefunden und auf den Schultern mit Freude zurückgetragen wird (Lk 15,4-10).

Was er hier mit einem ergreifenden Bild zu verstehen gibt, das erklärt er andernorts in unverhüllter Rede: „Der gute Hirte gibt sein Leben für seine Schafe" (Joh 10,11). In ihm findet jenes prophetische Wort seine vollkommene Erfüllung, das lautet: „Wie ein Hirt seine Herde weidet ..." (Jes 40,11). Deswegen hat er so viele Mühen, Sorgen und Entbehrungen ertragen, war ständig auf Wanderschaft und predigte das Evangelium in Städten und Dörfern, mitten unter den Anfeindungen der Pharisäer und unter vielerlei Gefahren, und verbrachte die Nächte im Gebet. Er fürchtete sich weder vor dem Murren der Pharisäer, noch davor, ihnen ein Ärgernis zu sein; er war gegenüber den Zöllnern zugänglich und versicherte, er sei der Kranken[43] wegen in die Welt gekommen (Mt 9,12). Denen, die Buße taten, brachte er

43 wörtlich: „wegen derer, die schlecht dran sind" *(se male habentes).*

die Liebe des Vaters entgegen, er zeigte ihnen das geöffnete Herz seines Erbarmens.

Als Zeugen dafür rufe ich hier in die Mitte: Matthäus, Zachäus, jene Sünderin, die sich zu seinen Füßen warf, und die Frau, die beim Ehebruch ertappt worden war (Mt 9,9ff; 10,3; Lk 19,2ff.; Lk 7,37; Joh 8,3ff).

Folge diesem vollkommen barmherzigen *(piissimus)* Hirten mit ganzem Herzen, wie es Matthäus tat; nimm ihn wie Zachäus in dein Haus auf, salbe ihn wie jene Sünderin und wasche seine Füße mit deinen Tränen, trockne sie mit deinen Haaren und küsse sie; damit du schließlich auch mit jener Frau, die seinem Richtspruch vorgeführt worden war, den Freispruch hören darfst: „Hat dich niemand verurteilt? Auch ich verurteile dich nicht. Geh hin und sündige nicht wieder." (Joh 8,10f.)

14. Jesus, von Tränen überströmt

Um uns die Tiefe seiner erbarmenden Liebe zu erschließen und sie verspüren zu lassen, hat Jesus, der Quell aller Barmherzigkeit, auch um uns in unserem Elend geweint, und nicht nur einmal, sondern mehrmals. Zuerst über Lazarus (Joh 11,35), dann über die Stadt Jerusalem (Lk 19,41); und schließlich am Kreuz, als aus seinen lieben Augen Tränen strömten zur Sühne aller Sünden (Hebr 5,7). Ja, der Erlöser weinte viele Tränen, einmal vor Trauer über die Armseligkeit und Schwachheit des Menschen, dann über die geistige Verfinsterung und Herzensblindheit, und dann über die Verhärtung im Bösen.

O du hartes Herz, ohne Verstand und ohne Erbarmen[44], des wahren Lebens gleichsam beraubt – du solltest weinen! Warum benimmst du dich, als hättest du den Verstand verloren, freust dich und lachst inmitten deines Elends, während die WEISHEIT des Vaters über dich weint? Bedenke, dass dein Arzt weint, und „klage in bitterem Leid um den Einziggeborenen" (Jer 6,26), „weine Tränenbäche Tag und Nacht, gönne dir keine Ruhe, noch Schlaf den Augen" (Klgl 2,18).

15. Jesus, als König des Erdkreises anerkannt

Jesus hatte Lazarus auferweckt, das Salböl war über seinem Haupt ausgegossen worden, sein Ruf hatte sich im Volk wie Wohlgeruch verbreitet. Und da er selbst vorherwusste, dass die Menge ihm entgegengehen würde, bestieg er einen jungen Esel, um unter dem Beifall der herbeiströmenden Scharen, die Zweige abrissen und ihre Kleider auf dem Weg ausbreiteten, ein Beispiel bewundernswerter Demut zu geben. Nicht einmal der Jubel der Volksmenge ließ ihn das Erbarmen vergessen: Er selbst begann zu klagen über die Zerstörung der Stadt Jerusalem.

---

44 *impius:* kann auch „gottlos", „frevlerisch" heißen. Hier steht es aber m.E. vor allem als Gegensatz zur *pietas Jesu*: der Herr ist barmherzig, mit einem fühlenden Herzen – der Mensch ist das Gegenteil.

Steh nun auf, Magd des Erlösers, um wie eine der Töchter Jerusalems den König Salomo in seiner Hoheit zu sehen, womit ihn seine Mutter, die Synagoge, ehrte[45] – denn sie ist das geheimnisvolle Vorausbild der Kirche, die erst geboren werden sollte. Begleite den Herrn des Himmels und der Erde, der auf einem Esel sitzt. Begleite ihn fortwährend gleichsam mit Öl- und Palmenzweigen, indem du Werke der Barmherzigkeit *(pietas)* vollbringst und durch rechtes Handeln den Sieg erringst[46].

16. Jesus, im Sakrament des Brotes

Sind auch alle Taten Christi des Gedenkens wert, so gilt dies doch zu allererst von jenem letzten gemeinsamen Mahl, dem heiligsten Abendmahl[47]. In ihm wird nicht nur das Paschalamm zu essen gegeben, sondern das makellose LAMM, „das die Sünden der Welt hinweg nimmt" (Joh 1,29), wird unter der Gestalt des Brotes, „das alle Erquickung in sich birgt und Süßigkeit für jeden Geschmack" (Weish 16,20), zur Speise gereicht.

Bei jenem Mahl erstrahlte die wunderbar innige *Güte (dulcedo pietatis)* Christi wie ein heller Blitz, da er mit

---

45 Vgl. Hld 3,11.

46 Barmherzigkeit wird mit „Öl" verbunden (vgl. die Beispielgeschichte vom barmherzigen Samariter), die „Palmzweige" mit dem Sieg im (geistlichen) Kampf.

47 Mit dem letzten Abendmahl ist ja ausdrücklich der Auftrag verbunden: „Tut dies zu meinem *Gedächtnis*", wobei dieses „Gedenken" mehr als eine Erinnerung ist, vielmehr eine *Vergegenwärtigung* einschließt.

seinen armen, unbedeutenden Jüngern[48] und dem Verräter Judas am selben Tisch und aus derselben Schüssel aß.

Das Staunen erweckende Vorbild seiner *Demut* wurde ganz offenbar, als der König der Herrlichkeit, gegürtet mit einem Leinentuch, den Dienst versah, die Füße von Fischern, und auch die seines Verräters, zu waschen.

Staunenswert ist sein *großmütiges Schenken*, als er jenen ersten Priestern, und damit der ganzen Kirche und dem Erdkreis, seinen heiligsten Leib und sein wahres Blut zur Speise und zum Tranke gab. So sollte das, was unmittelbar bevorstand: das Opfer, das Gott gefällt, und der unbezahlbare Preis unserer Erlösung, uns lebenserhaltende Speise auf dem Wege sein.

Staunenswert erglänzte das Übermaß an *Liebe*, als er, der „die Seinen bis zur Vollendung liebte" (Joh 13,1)[49], sie so liebevoll zum Guten mahnte und stärkte; wobei er Petrus schon im voraus ganz besonders zur Festigkeit im Glauben mahnte und Johannes selige und heilige Ruhe an seiner Brust gewährte.

Wie wunderbar ist all das, wie ganz erfüllt von Süßigkeit – zumindest für die Seele, die, zur Feier dieses Gastmahles geladen, mit brennendem Herzen herzueilt; sie kann in die Worte des Propheten [David] ausbrechen: „Wie der Hirsch lechzt nach der Wasserquelle, so lechzt meine Seele nach dir, mein Gott" (Ps 42,2).

---

48 lat. *pauperculis* – ohne Zweifel eine Anspielung auf die Brüder des Poverello! – im Deutschen schwer adäquat zu übersetzen.

49 oder „bis zum Ende liebte".

Das Geheimnis des Leidens

Die fünfte Frucht: Sein Vertrauen in Gefahr

17. Jesus, verraten und verkauft

Wer das Leiden Christi mit innerer Teilnahme überdenkt, der stößt als erstes auf die Treulosigkeit des Verräters (Mt 26,14; Mk 14,10; Lk 22,4). Er war vom Gift des Truges so erfüllt, dass er seinen Meister und Herrn auslieferte. Er brannte derart vor Gier, dass er Gott, das höchste Gut, um Silber verkaufte, und das kostbarste Blut Christi sich mit billigem Lohn entgelten ließ. Er war so undankbar, dass er den, der ihm alles anvertraut und ihn zur Würde eines Apostels erhoben hatte, bis zum Tod verfolgte. Er war so hartherzig, dass ihn nicht einmal die vertraute Mahlgemeinschaft, nicht die Demut, mit der ihn der Meister bediente, nicht die liebevolle Anrede von dem einmal gefassten bösen Plan abbringen konnten.

O staunenswerte Güte des Meisters gegenüber dem hartherzigen Jünger, des liebreichen Herrn gegenüber dem abgrundtief bösen Knecht! Gewiss „wäre es für diesen Menschen besser gewesen, nicht geboren zu sein" (Mt 26,34).

Und doch: Verstummt einem auch die Sprache angesichts der Schlechtigkeit des Verräters, so wird diese doch von der liebreichen Sanftmut des Gotteslammes unermesslich überragt. Diese Sanftmut wird den Menschen als Beispiel gegeben: Keiner soll mehr, wenn ihm Bitteres von seinem Freund angetan wurde, in menschlicher Schwachheit sprechen: „Ja, wäre es ein Feind, der mir geflucht, dann würde ich es ertragen" (Ps 55,13); denn „siehe, ein Mensch meines Vertrauens, der verlässlich erschien, ein Bekannter" (ebda 14.15), der Christi „Brot aß" und bei jenem heiligen Abendmahl mit ihm die süße Speise nahm, „hat sich gegen ihn erhoben, Hinterlist im Herzen" (vgl. Ps 41 bzw. 40,10 Vg). Und dennoch hat jenes sanfte Lamm seinen Mund, „in dem keine Falschheit war" (1 Petr 2,22), dem Mund, „der überfloss von Bosheit" (Ps 50,19), nicht verweigert, sondern bot ihm in der Stunde des Verrats den liebevollen Kuss. Alles wollte er ihm erweisen, was vielleicht seine Schlechtigkeit und Herzenshärte hätte erweichen können.

18. Jesus, im Gebet auf den Boden hingestreckt

„Da Jesus alles wusste", was nach dem verborgenen Ratschluss des Höchsten „über ihn kommen sollte", „ging er nach dem Dankgebet hinaus an den Ölberg" (Joh 18,4; Mt 26,30), um zum Vater zu beten, so wie er es stets tat. Und gerade jetzt, als die Stunde des letzten Kampfes herannahte, da die Schafe, die der gute Hirte von Herzen liebte, der Zerstreuung und Trostlosigkeit anheimfallen sollten, da drang die Vorstellung des Todes mit solchem Schrecken auf die menschliche Seele

Christi ein, dass er rief: „Vater, wenn es möglich ist, soll dieser Kelch an mir vorübergehen!" (Mt 26,39) Welch furchtbare, aus mannigfachen Gründen aufsteigende Bedrängnis der Erlöser innerlich litt, das bezeugen die Tropfen blutigen Schweißes, die vom ganzen Leib zur Erde rannen.

„O Herrscher und Herr Jesus, woher kommt diese furchtbare Angst deiner Seele und dein angstvolles Flehen? Hast du denn dem Vater dein Opfer nicht mit freiem Willen gebracht?"[50] Wahrhaftig, damit wir im *Glauben* bestärkt werden, dass du wahrhaft unsere sterbliche Natur angenommen hast; damit wir feste *Hoffnung* haben, wenn wir ähnliche Bedrängnis erleiden müssen; und damit wir uns mehr angespornt fühlen, dich zu *lieben!* Darum hast du die Schwachheit unserer menschlichen Natur an solch offenkundigen Zeichen sichtbar werden lassen: Wir sollten daran erkennen, dass du „wahrhaftig unsere Schmerzen getragen" (Jes 53,4) und das bittere Leiden nicht ohne fühlbare Pein durchkostet hast.

19. Jesus, von der Schar der Häscher umzingelt

Wie bereitwillig nahm doch Jesus das bevorstehende Leiden an! Das kannst du klar erkennen, wenn du bedenkst, dass er den Männern, die mit dem Verräter ka-

---

50 In den folgenden Betrachtungen fügt Bonaventura öfter Abschnitte aus einer Meditation des Ekbert von Schönau († 1184) ein, die als 9. *Meditatio* unter den Werken Anselms von Canterbury überliefert wurde (Barth/Hug, hier S. 134).

men, die bei Nacht mit Fackeln, Laternen und Waffen anrückten, von sich aus entgegengeht, sich zu erkennen gibt und sich ihnen überliefert. Und es sind Männer, „an denen Blutschuld klebt“ (Ps 55,24) und die „ihm nach dem Leben trachten“ (Ps 38,13)! Damit aber die Anmaßung der Menschen erkenne, dass sie nichts gegen ihn ausrichten könne, außer er selbst lasse es zu, wird auf sein allmächtiges Wort hin das ganze Gesindel zu Boden geworfen.

Doch nicht einmal in diesem Augenblick „verschloss er sein Erbarmen im Zorn“ (Ps 77,10), noch hörte jene Wabe auf, die Süße des Mitleids zu verströmen (vgl. Hld 4,11; Ps 19, 11; Ps 119,103). Denn er heilte das Ohr des vermessenen Dieners, das einer der Jünger verstümmelt hatte, durch die Berührung seiner Hand; den Eifer seines Verteidigers aber wies er in die Schranken und hielt ihn davon ab, die Angreifer zu verwunden.

„Verflucht ist ihre Wut, weil sie so unerbittlich war“ (Gen 49,7); ließ sie sich doch weder durch das Wunder, das die Majestät Christi zeigte, noch durch die Wohltat, die aus seinem Erbarmen entsprang, besänftigen.

20. Jesus, mit Fesseln gebunden

Muss nicht jeder stöhnen, wenn er hört, wie zu jener Stunde die finsteren Schergen ihre Hände an den Herrn der Herrlichkeit legten – ihre Hände, an denen Blut klebt –, und die schuldlosen Hände Jesu, der sanft und demütig ist, mit Fesseln zusammenschnürten! Wie das sanfte

Lamm ohne einen Laut des Widerspruchs wie ein Räuber mit Schmach und Schande als Opfer weggeschleppt wird![51] Was für ein durchdringender Schmerz muss den Jüngern ins Herz gefahren sein, als sie ihren geliebten Meister und Herrn sahen, verraten von ihrem eigenen Mit-Jünger, die Hände auf dem Rücken gefesselt, wie einen Verbrecher auf dem Weg zur Hinrichtung. Wenn selbst der skrupellose Judas, von Reue ergriffen, später von solcher Bitterkeit erfüllt wurde, dass er lieber sterben als leben wollte!

Doch wehe jenem Menschen, der nicht zur Quelle des Erbarmens zurückkehren wollte in der Hoffnung auf Vergebung, sondern im Entsetzen über die Ungeheuerlichkeit seiner Tat verzweifelte.

---

51 Im Lateinischen ist zuerst vom *agnus* die Rede („Wie das Lamm vor dem Scherer, tat er seinen Mund nicht auf": Jes 53,7; Mt 27,26), dann von *victima*, was soviel wie „Opfertier" (das passive „Opfer") bedeutet.

Die sechste Frucht: Seine Geduld im Erleiden des Unrechts

21. Jesus, seinen Bekannten unbekannt

Wenn der Hirte gefangen ist, zerstreuen sich die Schafe (vgl. Mt 26,31); der Meister wird ergriffen, die Jünger ergreifen die Flucht. Petrus jedoch, gewissermaßen ein wenig tapferer, „folgte von weitem bis in den Vorhof des Hohenpriesters“ (26,58). Als ihn dort eine Magd ansprach, leugnete er mit einem Schwur, Christus zu kennen, und wiederholte es noch zweimal, bis der Hahn krähte. Da wandte der gütige Meister seinem besonders geliebten Jünger seinen Blick zu, einen Blick des Erbarmens und der Gnade. Durch diesen Blick kam Petrus die Erinnerung[52], und „er ging hinaus und weinte bitterlich“.

Wenn du, wer du auch bist, auf die Worte einer aufdringlichen Magd hin – nämlich deines Fleisches – in Gesinnung oder Tat frech geleugnet hast, dass Christus für dich gelitten hat: o erinnere dich an das Leiden deines geliebten Meisters, geh mit Petrus hinaus, um bitterlich über dich zu weinen! Und wenn dich der Herr dann ansieht, wie er den weinenden Petrus angesehen

52 Bonaventura will nicht nur sagen, dass Petrus sich an die Voraussage der Verleugnung erinnert (sonst hätte er wohl nicht das Wort *commonitus* gewählt), sondern dass er durch diesen Blick Christi zur Besinnung gebracht wird. Dieser Blick der Güte „gemahnt“ ihn an all das, was ihn an den Herrn bindet, und ruft ihn zurück.

hat, dann wirst du „trunken werden vom Wermut“ (Klgl 3,15) einer zweifachen Bitternis: der Reue[53] über dich und des Mitleidens mit Christus. Mit Petrus wirst auch du Sühne finden für deine Schuld, mit Petrus wirst auch du mit dem Geist der Heiligkeit erfüllt werden.

22. Jesus, das Antlitz verhüllt

Nun wird unser Hoherpriester Christus Jesus vor den Rat der Hohenpriester gestellt, die Böses sannen (Ps 22,17)[54]. Und er bekennt die Wahrheit: dass er der Sohn Gottes sei. Wegen Gotteslästerung wird er des Todes schuldig gesprochen; die Schmähungen, die er erleidet, kann man nicht zählen:

Jenes Antlitz, das die Ältesten verehren (vgl. Offb 5,8.14),
dessen Anblick die Engel ersehnen,
das alle Himmel mit Freude erfüllt,
wird vom Speichel unreiner Lippen besudelt,
von den Händen der Frevler geschlagen,
zum Spott verhüllt.

Der Herr aller Schöpfung wird wie ein nichtswürdiger Sklave gegeißelt.

---

53 *compunctio:* das Wort besagt eigentlich mehr als „Reue“, es schließt schon das Getroffensein durch die göttliche Güte ein.

54 Diese und weitere sehr scharf klingende Formulierungen sind Schriftzitate, hier aus Ps 22, *dem* Psalm der Passionsliturgie schlechthin, wo es in Vers 17 (Vg) heißt: „Viele Hunde umringen mich, ein Rat von Bösen hat sich mir gegenübergesetzt (*concilium malignantium obsedit me*)“.

Er selbst jedoch spricht mit ruhigem Antlitz und ohne die Stimme zu erheben, als er einen der Knechte des Hohenpriesters, der ihm eine Ohrfeige gegeben hatte, mit der Wahrheit und ohne Zorn zurechtweist: „Wenn ich schlecht geredet habe, so beweise es; wenn aber gut, was schlägst du mich?“ (Joh 18,23)

O Jesus, wahrhaftig und voll Erbarmen! Welche Seele, die dir ergeben ist, kann dies sehen oder hören, und dabei die Tränen zurückhalten und den Schmerz inneren Mitleidens verbergen?

23. Jesus, dem Pilatus ausgeliefert

Es lässt einen schaudern die Erbarmungslosigkeit[55] der Juden, die nicht genug hatten an solchen Misshandlungen, sondern in wilder Wut das Leben des Gerechten einem skrupellosen Richter auslieferten, damit er es gleich einem wütenden Hund verschlinge (vgl. Ps 22,21)[56]. Gebunden führten die Hohenpriester Jesus Pilatus vor, mit der Forderung, er solle die Todesstrafe der Kreuzigung erleiden, er, „der keine Sünde kannte“ (2 Kor 5,21). Er aber stand vor dem Richter ruhig und schweigend, „wie

---

55 *impietas:* Das gleiche Wort wird zwei Zeilen später auch für Pilatus angewandt. Im Deutschen ist es ebenso schwer zu übersetzen wie *pietas*: Es schließt eine zweifache Bedeutung ein: Erbarmungslosigkeit und Gottlosigkeit. Der Grund beiden Verhaltens ist der gleiche: Kälte gegenüber dem schützenswerten oder Ehrfurcht gebietenden Guten.

56 Im Lateinischen steht dieser Vers im Singular: „Rette mein Leben, mein einziges Gut aus der Gewalt des Hundes“.

ein Lamm vor dem Scherer“ (Jes 53,7) – während skrupellose Lügner ihn mit falschen Anklagen überhäuften. Mit Tumult und Geschrei fordern sie den Tod für den Urheber des Lebens – und erbitten das Leben für einen Mörder, Aufrührer und Räuber! Welche Torheit, und zugleich welche verblendete Kälte, den Wolf dem Lamm, den Tod dem Leben, die Finsternis dem Licht vorzuziehen!

Liebreicher Jesus, wer wäre so hartherzig, dass er jenes schreckliche Geschrei: „Weg mit ihm, weg mit ihm, kreuzige ihn!“, hören oder in Gedanken erwägen könnte, ohne innerlich zu stöhnen und laut zu klagen?

24. Jesus, zum Tode verurteilt

Pilatus wusste sehr wohl, dass das Volk nicht aus Eifer für die Gerechtigkeit, sondern aus Neid gegen Jesus stand – äußerte er doch offen, dass er keine, nicht einmal eine geringe Schuld an ihm finde, die den Tod verdiene. Doch von Menschenfurcht überwunden, „füllte er seine Seele mit Bitterem“ (Klgl 3,15; Röm 3,14). Er unterstellte den liebreichen König dem Urteil eines grausamen Tyrannen: Herodes. Nachdem dieser ihn verspottet und zu Pilatus zurückgeschickt hatte, gab dieser den noch grausameren Befehl zur Geißelung: Entblößt sollte der Herr vor den Blicken der spottenden Menge stehen, die Folterknechte seinen jungfräulichen, reinen Leib mit schrecklichen Schlägen zerfetzen, ihm grausam Wunden auf Wunden, einen Bluterguss neben dem anderen beibringen. Das so kostbare Blut floss am Leib des schuldlosen und ganz liebenswerten Menschensohnes herab – und das, obwohl keine Schuld an ihm gefunden worden war!

Und du, verlorener Mensch, du bist doch die Ursache für diese ganze Schmach und Jammer! Wie bringst du es fertig, nicht in Tränen auszubrechen? Schau doch: das gänzlich schuldlose Lamm wollte um deinetwillen in einem ungerechten Gericht verurteilt werden, um dich der gerechten Verurteilung zu entreißen. Ja, was er nicht geraubt hat, hat er für dich erstattet (vgl. Ps 69,5)! Und du, meine Seele, bist so gefühllos, dass du es ihm nicht mit inniger Dankbarkeit und dem Empfinden von Mitleid vergiltst?

Die siebte Frucht: Seine Standhaftigkeit im äußersten Leiden

25. Jesus, von allen verachtet

Nachdem Pilatus sich dazu hergegeben hatte, den Willen der Gottlosen zu erfüllen, war es diesen verbrecherischen Kriegsknechten nicht genug, den Erlöser zu kreuzigen. Nein, sie mussten vorher ihren Spott über ihn ausgießen. Die ganze Kohorte versammelte sich im Prätorium, sie zogen ihm die Kleider aus und legten ihm ein scharlachfarbenes Gewand und einen purpurnen Mantel um. Sie drückten ihm eine Krone aus Dornen auf das Haupt und gaben ihm ein Rohr in die Rechte, beugten zum Spott vor ihm die Knie und gaben ihm Ohrfeigen, sie spien ihn an und schlugen sein heiliges Haupt mit einem Rohrstock.

Bedenke das, hochmütiges Menschenherz, das du vor allen Schmähungen die Flucht ergreifst und nach Ehrungen lechzt! Begreife, wer der ist, der da geht wie die Karikatur eines Königs, überhäuft von den Schmähungen der allerniedrigsten Sklaven! Und er ist wirklich dein König und dein Gott, verachtet wie ein Aussätziger, wie der letzte aller Menschen (vgl. Jes 53,3.4).

Und warum? Damit er dich davor errette, ewig zuschanden zu werden, damit er dich von der tödlichen Krankheit des Hochmutes heile! Wehe denen, zweifach wehe, die sich vor Hochmut aufblähen, nachdem ihnen ein solch klarer Spiegel der Demut gegeben ist. „Sie machen den Sohn Gottes erneut zum Gespött“ (Hebr 6,6), ihn, der doch um so mehr aller Ehre von seiten der Menschen würdig ist, als er für die Menschen Schmach erlitt.

26. Jesus, ans Kreuz genagelt

Nachdem die Gottlosen genug hatten an der Verhöhnung des sanftmütigen Königs, legten sie ihm seine Kleider wieder an, freilich nur, damit sie ihm schließlich wiederum genommen werden. Er trägt sein Kreuz und wird hinausgeführt zur Schädelstätte. Dort werden ihm alle Kleider genommen, nur ein billiges Tuch bedeckt seine Lenden. Er wird auf das Kreuz grausam ausgestreckt, nach allen Seiten werden die Glieder gedehnt und gezerrt, als wäre es Leder. Seine heiligen Hände und Füße werden von Nägeln durchbohrt und schrecklich verwundet, so wird er ans Kreuz geheftet. Seine Kleider aber gelten als Beute; sie werden verteilt, nur das Untergewand, das ohne Naht war, ging durch Los an einen der Soldaten.

Sieh nun, meine Seele: Er, der über alles zu preisende Gott (Röm 9,5), ist ganz und gar, vom Scheitel bis zur Fußsohle (vgl. Jes 4,6), in die Wasser des Leidens hineingetaucht. Damit er dich ganz aus jenem Leiden errette, drangen die Wasser auf ihn ein (Ps 69,2). Mit Dornen gekrönt musste er den Rücken unter die Last des Kreuzes beugen und so dessen Schmach tragen (vgl. Ez 32,24f.). Am Ort der Hinrichtung angekommen wird er entblößt, so dass sein Leib, übersät von den Wunden und Striemen der Geißelung, wie der eines Aussätzigen erscheint. Und schließlich wird er von Nägeln durchbohrt.

So sollst du deinen Geliebten erblicken: um dich zu heilen, von Wunden über Wunden bedeckt. „Wer gewährt mir, dass mein Bitten Erfüllung findet, dass Gott mir gibt, was ich erhoffe" (Ijob 6,8): dass ich ganz und gar, im Geist und im Leib, durchbohrt werde und mit meinem lieben Herrn ans Kreuz geheftet sei![57]

27. Jesus, Räubern zugesellt

Auf dass Schmach, Schande, Entehrung und Schmerz noch gesteigert würden, wird das schuldlose Lamm außerhalb der Stadttore gekreuzigt, wo Verbrecher ihre Strafe erleiden; an einem Festtag, um die helle Mittagszeit, wird er zwischen zwei Räubern am Kreuz erhöht: gleichsam zur Schau gestellt seinen weinenden Freunden und seinen schmähenden Feinden. Denn „die an ihm vorbeigingen, schüttelten den Kopf" (Mt 27,42; Lk 23,35), und die dabei standen, sprachen verächtlich davon, dass er anderen Rettung gebracht habe, nun aber sich selbst nicht retten könne.[58] Sogar einer der Räu-

---

57 Dieses „tam mente quam carne" war bei Franziskus der Fall, vgl. *Itinerarium, Prolog* n. 3 und *Legenda Maior* XIII.

58 Im Lat. wird das gleiche Wort verwendet: *salvare/ salvum facere*, was nicht nur „gesund machen" bedeutet, sondern „aus dem Verderben retten". Durch diese Formulierung wird das Spottwort zu einer unbewussten Bezeugung der Wahrheit: die Errettung

ber hörte nicht auf, derart zu schmähen und zu spotten. Das sanfte Lamm dagegen betete voll erbarmender Liebe[59] für die Henker und die Spötter zum Vater, und verhieß dem Verbrecher, der ein Bekenntnis ablegte und eine demütige Bitte an ihn richtete, mit einer Liebe und Großmut ohnegleichen das Paradies.

O Wort der Vergebung, ganz erfüllt von Süße: „Vater, verzeih ihnen!"

O Wort der Gnade, ganz erfüllt von Liebe: „Heute noch wirst du mit mir im Paradiese sein."

Schöpf Atem nun, Seele, denn du hast Hoffnung auf Vergebung, magst du auch noch eine solche Sünderin sein. Hoffnung freilich, wenn du nicht davor zurückschreckst, den Spuren deines Herrn und Gottes zu folgen, der für dich litt. „In all seinen Bedrängnissen öffnete er nicht ein einziges Mal den Mund, um ein Wort der Klage, der Verteidigung, der Drohung oder des Fluches gegen jene ihm fluchenden Hunde zu richten (Ps 22,17)[60], nicht einmal in abgeschwächter Form. Im Ge-

---

der Menschen – einschließlich der vorösterlichen Heilungswunder, welche die Erlösung anzeigen – kostet einen Preis. Der Erlöser kann sich selbst nicht retten, *weil* er die Menschen retten will. Er nimmt das Schicksal der heil-losen Menschen auf sich, bis in den Tod und die letzte Verlassenheit. Damit wird dem Tod die Macht genommen.

59 wörtlich: voll Süße des Erbarmens – *pietatis dulcedine.*

60 Im lateinischen Psalmtext heißt es: „Viele Hunde umringen mich, eine Versammlung derer, die Böses im Schilde führen *(concilium malignantium)* umkreist mich, sie durchbohren mir Hände und Füße....".

genteil: ein Wort neuen Segens, noch nie vernommen seit die Welt besteht[61], goss er aus über seine Feinde."[62] Sprich nun mit großem Vertrauen: „Erbarme dich meiner, o Gott, erbarme dich meiner; denn auf dich setzt meine Seele ihr Vertrauen!" (Ps 57,2) Dann darfst du vielleicht beim Sterben hören, was der Schächer nach seinem Bekenntnis hörte: „Heute noch wirst du mit mir im Paradiese sein."

28. Jesus, mit Galle getränkt

„Nachdem Jesus wusste, dass alles vollbracht war, sprach er, damit die Schrift erfüllt würde: Mich dürstet." (Joh 19,28). Johannes, der dabei stand, bezeugt: Nachdem ihm mit einem Schwamm ein Trank aus Essig und Galle gereicht worden war, sprach er: „Es ist vollbracht". Im Kosten von Essig und Galle erreichte die Bitterkeit des Leidens gleichsam ihren Abschluss und Höhepunkt. Denn die Übertretung Adams, der von der Frucht des köstlichen, aber verbotenen Baumes aß, wurde die Ursache unseres Verderbens. Dem entsprechend sollte auf dem umgekehrten Weg das Heilmittel gefunden werden. Auch litt der Herr an allen Gliedern durchdringende Schmerzen, gleich zahlreichen Pfeilen, die ihm den Lebensatem raubten (vgl. Ijob 6,4). Und so sollten schließ-

---

61 Anspielung auf Eph 1,9f.; 3,9; 1 Kor 2,7: der menschgewordene Retter Christus ist „das vor allen Zeiten verborgene Geheimnis".

62 Der Text in Anführungszeichen stammt wiederum aus Anselm bzw. Ekbert von Schönau, *Meditatio IX* (Barth/Hug 142 f).

lich auch Mund und Zunge, mit denen der Mensch isst und spricht, nicht verschont bleiben. Denn an unserem Arzt sollte sich das prophetische Wort erfüllen: „Er hat mich mit Bitterkeit erfüllt, mich trunken gemacht mit Wermut“ (Klgl 3,15). Auch sollte sich jenes Wort an seiner liebsten und liebreichsten Mutter erfüllen: „Er ließ mich gleichsam verlassen und ohne Trost, den ganzen Tag verzehre ich mich vor Leid.“ (Klgl 1,13).

Welche Zunge könnte aussprechen, welcher Verstand das Gewicht deiner Trostlosigkeit erfassen, selige Jungfrau Maria?

Bei all dem Geschehenen warst du dabei, nahmst an allem und auf jede Weise teil. Jenen gepriesenen, heiligsten Leib, den du so keusch empfangen, den du so liebreich nähren und stillen durftest, den du so oft an deine Brust gelegt, die Lippen auf seine Lippen gedrückt hast – jetzt musst du mit leiblichen Augen sehen, wie er zerfetzt wird von den Geißelschlägen, von den Dornen durchstochen, mit einem Rohrstock geschlagen, geohrfeigt und mit Fäusten gestoßen, von Nägeln durchbohrt und an den Kreuzesbalken geheftet wird. Du siehst die Marter dieses ausgespannten Hängens, wie er auf alle mögliche Weise verhöhnt und schließlich mit Essig und Galle getränkt wird.

Aber du sahst nicht nur den Leib mit deinen leiblichen Augen, sondern auch seine mit der Gottheit so tief verbundene Seele mit den Augen deines Geistes: Du sahst all das Bittere, das man seiner Seele zufügte, sahst sein Schaudern, die Angst, das Grauen, das Todesbangen, Bedrängnis und Erschütterung; sahst, wie seine Seele von Trauer und Schmerz zu Tode betrübt war. Dass seine Seele dermaßen litt, kam zum einen von seiner ganz feinfühligen Empfindung der körperlichen Schmerzen. Zum andern erwuchs das seelische Leiden aus seinem glühenden Eifer für die Ehre Gottes, der sich die Sünde widersetzt. Zum dritten litt seine Seele aus Erbarmen mit den Erbärmlichen. Und sie litt schließlich auch aus Mitleid mit dir, seiner liebsten Mutter[63]. Dieses Mitleid traf ihn mitten ins Herz. Als du da vor ihm standest, sah er dich voll Erbarmen und Liebe an und sprach voll Güte: „Frau, siehe da, deinen Sohn". Er wollte deine Seele in aller Angst und Not trösten; denn er wusste wohl, dass deine Seele vom Schwert des Mitleidens im wahrsten Sinn durchbohrt war, viel mehr, als wenn du am eigenen Leib gelitten hättest[64].

---

63 Das Leiden der Seele, das innere Leiden, hat also vier Gründe: 1) Die Feinfühligkeit des Leibes, der ganz rein und in Harmonie mit der Seele steht, 2) die Heiligkeit der Seele Christi, welche die Schrecklichkeit der Sünde in der ganzen Tiefe erfasst, 3) die erbarmende Liebe gegenüber den Sündern, 4) und schließlich das Mitleid mit seiner Mutter.

64 Das gegenseitige Mitleiden ist der Ausdruck tiefster gegenseitiger Liebe. Maria ist hier das Urbild der Passionsbetrachtung. Dieser Abschnitt atmet ganz den Geist des *Stabat Mater*.

Die achte Frucht: Sein Sieg im letzten Kampf

29. Jesus, Sonne, die im Tod erbleicht

Drei Stunden lang war das schuldlose Lamm, die wahre Sonne der Gerechtigkeit, am Kreuz gehangen, und zur gleichen Zeit hatte die sichtbare Sonne ihres Lichtes Strahlen verborgen, gleichsam im Mitleiden mit ihrem Schöpfer. Und als endlich „alles vollendet" war[65], versiegte zur neunten Stunde jene wahre Quelle des Lebens: Jesus, Gott und Mensch zugleich, gab seinen Geist in die Hände des Vaters auf. Mit einem lauten Schrei und unter Tränen (Hebr 5,7) hauchte er den Geist aus, um sein tiefes Erbarmen zu zeigen und die Macht seiner Gottheit kundzutun[66].

„Da zerriss der Vorhang des Tempels von oben bis unten und die Erde bebte, die Felsen spalteten sich und die Gräber öffneten sich" (Mt 27,51-54; Lk 23,43-48). Da erkannte der Hauptmann, dass dieser wahrhaftig Gott gewesen war. Da „kehrten" die, welche zu diesem Schauspiel gekommen waren, um zu höhnen, „um, und schlugen sich an die Brust". Da verlor er, der „schöner als alle Menschenkinder" war (Ps 45,3), um der Menschenkinder willen alle Schönheit; seine Augen wurden dunkel, seine Wangen bleich. Er wurde das Ganz-

---

65 *consummatis omnibus:* das lateinische *„consummatum est"* (Joh 19,30) bedeutet sowohl „vollendet" wie „vollbracht".

66 Das Erbarmen wird in den Tränen sichtbar, die göttliche Kraft in dem lauten Schrei.

opfer voll Wohlgeruch vor dem Angesicht der Herrlichkeit des Vaters, um den Zorn von uns abzuwenden (Ps 85,4).

Blick her, Herr, heiliger Vater, von deinem Heiligtum, aus deiner über die Himmel erhabenen Wohnung (Dtn 26,15); blick her auf das Antlitz deines Gesalbten (Ps 84,10[67])! Blick herab auf dieses hochheilige Opfer, das dir unser Hoherpriester für unsere Sünden darbringt, und hab Nachsicht mit deinem nichtsnutzigen Volk (vgl. Ex 32,12)[68].

Und du, erlöster Mensch, bedenke, *wer* für dich am Kreuz gehangen ist. Vergegenwärtige dir seine erhabene Größe und seine Liebe[69]. Sein Tod macht die Toten lebendig; bei seinem Hinübergang trauern Himmel und Erde, und die harten Felsen spalten sich, als leide selbst die Natur mit. O Menschenherz, härter als jeder Stein bist du, wenn du beim Gedenken an dieses Opfer, das deine Sünden sühnt, nicht von Schrecken getroffen noch von Mitleid ergriffen wirst, wenn dich nicht Reue zerreißt noch innige Liebe *(pietas)* dich erweicht.

67 Wörtlich steht da: „blick auf das Antlitz deines Christus".

68 Zu diesem Abschnitt vgl. Anselm/ Ekbert, *Meditatio IX* (Hug/ Barth, 145)

69 Eine ausgeführte Meditation zum Thema: „Bedenke, wer es ist, der am Kreuz hing" findet sich in Bonaventuras *Triplex via, III, 3* (dt. Übersetzung in: Fontes christiani 14, 145f.)

30. Jesus, von der Lanze durchbohrt

Aus der Seite des am Kreuz entschlafenen Christus sollte die Kirche gebildet werden; auch sollte sich das Schriftwort erfüllen: „Sie werden auf den schauen, den sie durchbohrt haben" (Sach 12,10; Joh 19,37). Daher entsprach es dem göttlichen Heilsplan, dass einer der Soldaten die heilige Seite mit der Lanze durchstach, so dass Blut und Wasser herausfloss. Der Preis unserer Erlösung wurde da ausgegossen. Aus der Quelle, nämlich dem innersten Geheimnis des Herzens fließend, sollte er den Sakramenten der Kirche die Kraft verleihen, das Leben der Gnade zu geben[70]; und den bereits in Christus Lebendigen sollte er zum Becher „des lebendigen Quells werden, der hinüberströmt ins ewige Leben" (vgl. Joh 4,14). Siehe, die Lanze, die der verworfene Saul in seiner Niedertracht schleuderte[71] – ihm entspricht hier das Volk der Juden – traf nicht [David], sondern fuhr in die Wand, weil Gott es in seiner Barmherzigkeit so fügte. Ein „Spalt im Felsen, eine Höhle in der Mauer" (Hld 2,14) entstand, als Wohnstatt für die Taube[72].

---

70 D.h. durch die Taufe, der folgende Halbsatz bezieht sich auf die Eucharistie als die Ernährung des neuen Lebens.

71 1 Sam 19,10: Saul, der später von Jahwe verworfene erste König Israels, hatte im Wahnsinn auf David eine Lanze geschleudert.

72 Die *Taube* ist hier das Sinnbild der *Kirche* als der Braut Christi; denn im Hld 2,10; 5,2; vgl. auch 4,1, wird die Braut „Taube" genannt. Damit wird ein zweites Bild verwoben: Die Taube wohnt im *Felsen* (Hld 2,14). Mit dem Fels wird aber Christus assoziiert, der nach dem Pauluswort (1 Kor 10,4) der wasserspendende Fel-

Steh auf, Freundin Christi! Du sollst wie die Taube sein, die im Eingang des Felsenspaltes nistet (vgl. Jer 48,28); wie der Sperling, der dort sein Haus findet (Ps 84,4), sollst du stets wach bleiben[73]. Wie die Turteltaube sollst du dort die Nachkommen keuscher Liebe verbergen[74]. Dorthin lege deinen Mund, um „Wasser zu schöpfen aus den Quellen des Erlösers" (Jes 12,3). Hier ist „die Quelle, die inmitten des Paradieses entspringt", die sich „in vier Ströme teilt" (Gen 2,10). Hier ist die Quelle, die sich in die Herzen ergießt, die sich ihr öffnen, und die so die ganze Erde bewässert und fruchtbar macht.

31. Jesus, von Blut überströmt

Von Blut überströmt war der Leib des Herrn Jesus Christus: zuerst vom Blutschweiß, dann vom Blut der Geißelung und der Dornen, von den Nagelwunden und schließlich dem Lanzenstich. Blut in Fülle floss, damit bei Gott „Erlösung in Fülle" sei (Ps 130,7). Er trug das Gewand des Hohenpriesters, das rot verziert war. Ja, „rot erschien sein Gewand, seine Kleider wie die der

---

sen ist, der in der Wüste mit dem Volk Israel zog; aus diesem Felsen schlug Mose Wasser. Die Taube, die im Felsen wohnt, ist somit die Kirche, die im durchbohrten Herzen des Erlösers wohnt. Damit ist die sakramentale Verwurzelung und zugleich die kontemplative Dimension der Kirche versinnbildet.

73 Wachsamkeit als Eigenschaft der Braut im Hld: 3,1 und 5,2.

74 Das heißt: im Schweigen der Kontemplation Gedanken der Gottesliebe hegen. Die Turteltaube gilt als Sinnbild für die treue und keusche Seele. Ihre „Nachkommen", das was aus ihr entspringt, sind ihre Gedanken.

Keltertreter" (Jes 63,2). Er ist der wahre Joseph, der in eine alte Zisterne geworfen wurde; und dessen Gewand mit dem Blut eines Böckleins getränkt – was die der Knechtschaft der Sünde unterworfene Menschennatur bezeichnen sollte – dem Vater zur augenscheinlichen Bestätigung überbracht wurde (vgl. Gen 37, 31 f.)[75].

„Erkenne also, gütiger Vater, das Gewand deines vor allen geliebten SOHNES Joseph, den der Neid seiner leiblichen Brüder, vergleichbar einem wilden Tier, zerriss. Sein Kleid traten sie besinnungslos vor Wut in den Staub; mit dem Rest des Blutes beschmierten sie seine Schönheit. Fünf jammervolle Risse blieben. Das ist das Gewand, o Herr, das dein schuldloser Knecht freiwillig in den Händen der ägyptischen Ehebrecherin (Gen 39,7) – dem entspricht hier die Synagoge – lassen wollte. Lieber wollte er sich den Mantel des Fleisches rauben lassen und in den Kerker des Todes absteigen, als der Stimme eines ehebrecherischen Volkes nachzugeben und für kurze Zeit Ehre zu genießen."[76] „Angesichts der vor ihm

---

75 Der menschliche, *sterbliche* Leib Christi wird hier mit dem „Gewand" des Joseph verglichen. Der bildhafte Vergleich darf nicht dazu verleiten, darin eine Erklärung der hypostatischen Union zu sehen; denn die menschliche Natur in Christus ist nicht wie ein Kleid, das man einfach ablegen könnte, mit der Person des Logos verbunden. Wohl aber kann man davon sprechen, dass man „die Sterblichkeit auszieht" (wie es z. B. von Franziskus in einer Legende heißt: „exuit mortalitatem").

76 Aus Anselm bzw. Ekbert, *Meditatio IX* (Hug/Barth, 145f.). Die Rede vom „ehebrecherischen Volk" bzw. der „Dirne" klingt über die Maßen hart. Sie ist nur von der Klage der Propheten her zu verstehen, die Israel immer wieder die Untreue gegenüber Jah-

liegenden Freude nahm er das Kreuz auf sich und achtete der Schande nicht" (Hebr 12,2).

Auch du, meine barmherzige Herrin, schau auf das hochheilige Gewand deines geliebten Sohnes, das aus deinem keuschen Leib durch die Künstlerhand des Heiligen Geistes gewebt wurde. Erbitte uns, die wir zu dir unsere Zuflucht nehmen, zusammen mit deinem Sohn Vergebung, damit wir würdig werden, „dem kommenden Zorn zu entgehen" (Mt 3,7).

32. Jesus, ins Grab gelegt

Endlich kam der edle Ratsherr Joseph von Arimathäa. Er hatte von Pilatus die Erlaubnis erhalten, mit Nikodemus den Leichnam Christi vom Kreuz abzunehmen. Er salbte ihn mit wohlriechenden Ölen, wickelte ihn in ein Leinentuch und bestattete ihn in Ehren in einem neuen Felsengrab, das er in einem nahegelegenen Garten für sich selbst hatte aushauen lassen.

Nach der Beisetzung wurden Soldaten zur Bewachung des Grabes abgestellt. Die heiligen Frauen aber, die ihm ergeben waren und ihm schon zu Lebzeiten gefolgt waren, kauften wohlriechende Spezereien, um den heiligsten Leib Jesu zu salben; denn sie wollten in ehrfürchtiger Liebe ihm auch noch im Tod einen Dienst leisten. Zu diesen Frauen gehörte Maria Magdalena. Sie

---

we vorhalten müssen (vgl. auch Joh 8,41ff.: „wir sind nicht aus einem Ehebruch...", und Jesu Antwort). Dass die ganze Passage keineswegs christlicher Selbstsicherheit oder gar Selbstgerechtigkeit entspringt, zeigt der Schluss!

war von solcher Glut des Herzens beflügelt, von solch inniger Liebe erfasst, von solch kräftigen Banden der Liebe gezogen, dass sie jede weibliche Schwäche vergaß. Weder das nächtliche Dunkel, noch die drohende Grausamkeit der Verfolger konnten sie davon abhalten, das Grab aufzusuchen. Nein, im Gegenteil: Sie blieb draußen stehen und benetzte das Grab mit ihren Tränen[77]. Als die Jünger weggingen, ging sie nicht; denn sie war vom Feuer der göttlichen Liebe durchglüht. Der brennende Schmerz des Vermissens wurde immer heftiger; sie war verwundet von der Liebe, die nicht warten will, so dass sie in nichts mehr Trost fand außer im Weinen. Sie konnte wahr und wahrhaftig das Wort des Propheten David hervorstoßen: „Tränen waren mein Brot bei Tag und bei Nacht; denn man sagt zu mir den ganzen Tag: Wo ist nun dein Gott?" (Ps 42,4)

Mein Gott, guter Jesus!
Ich bin zwar gänzlich unwürdig und verdiene es nicht, doch ich bitte dich: Gewähre mir, der ich leiblich bei diesen Ereignissen nicht gegenwärtig sein durfte, dass ich bei ihrer gläubigen Betrachtung im Geist jene innige Liebe zu dir, meinem Gott, für mich gekreuzigt und gestorben, erfahren darf, wie sie deine reine Mutter und die Büßerin Magdalena in der Stunde deiner Passion empfanden.

---

77 vgl. die Szene Lk 7,36-38, wo die – oft mit Maria von Magdala identifizierte – Sünderin die Füße Jesu mit Tränen benetzt.

Das Geheimnis der Verherrlichung

Die neunte Frucht: Sein neues Leben in der Auferstehung[78]

33. Jesus, durch seinen Tod triumphierend

Des Leidens letzter Kampf war nun vollbracht. Schon wähnte jener blutdürstige Drache, der reißende Löwe, er habe den Sieg über das getötete Lamm errungen. Doch als die Seele abstieg in das Reich des Todes, begann die Macht der Gottheit aufzuleuchten. In dieser Macht erhob sich der unvergleichlich starke Held, unser Löwe aus Juda (Offb 5,5), gegen den bewaffneten Starken (Lk 11,21) und entriss ihm die Beute. Er zerbrach die Pforten der Unterwelt, fesselte die Schlange, „entwaffnete die Mächte und Gewalten und stellte sie öffentlich zur Schau; er führte sie mit sich im Triumph“ (Kol 2,15). Ja, das war die Stunde, in der „der Leviathan mit einem Angelhaken herausgezogen wurde“ (Ijob 40,20); durch Christus war sein Kinnbacken durchbohrt: Denn er, der keinerlei Recht hatte am Haupt, auf das er sich gestürzt hatte, sollte auch das Recht verlieren, das er am Leib zu

78 Wörtlich: „Neuheit“ der Auferstehung *(novitas)*. Gemeint ist zum einen das neuartige, unvergängliche, immer junge Leben, das die menschliche Natur des Herrn in der Auferstehung erhielt, und zugleich die dadurch an der Schöpfung geschehene „Neuheit“, insofern „Christus der Erstling der Entschlafenen“ ist.

haben schien[79]. Das war die Stunde, in der der wahre Samson im Tode das feindliche Heer zu Boden streckte (Ri 16,25). Das war die Stunde, in der das Lamm ohne Makel im Blut seines Bundes „die Gefangenen aus dem Schacht, in dem kein Wasser war, herausführte“ (Sach 9,11). Das war die Stunde, in der denen, „die im Land des Todesschattens“ wohnen (Jes 9,2), die strahlende Klarheit des lange erwarteten neuen Lichtes aufleuchtete.

34. Jesus, selig auferstehend

Der dritte Tag der heiligen Grabesruhe des Herrn brach an, in der dahinfließenden Ordnung der Tage der achte und erste zugleich. An diesem Tag warf „Gottes Kraft und Weisheit“ (1 Kor 1,24), Christus, den Tod und seinen Urheber endgültig nieder. Uns aber gewährte er Zutritt zum ewigen Leben, indem er in göttlicher Macht von den Toten erstand, um uns die Wege des Lebens kund zu machen (Ps 16,10). Da „gab es ein gewaltiges Erdbeben“ und der Engel des Herrn stieg vom Himmel hernieder, in einem weißen Gewand (vgl. Mt 28,1 ff.; Mk 16,1 ff.; Lk 24,1 ff.; Joh 20,1 ff.), leuchtend wie

79 Das hier beschriebene Bild vom „Angelhaken“, wobei Christus als Mensch sozusagen der Köder ist, geht bis weit in die Väterzeit zurück. Weil Christus völlig schuldlos ist, haben Tod und Satan keinerlei Recht an ihm. Indem sie sich jedoch an ihm vergreifen, verlieren sie auch das beanspruchte Recht über die Menschen, die mit Christus verbunden sind. Eine moderne Nacherzählung dieses soteriologischen Modells ist der Roman von C. S. Lewis: *The Lion, the witch and the wardrobe*, London 1980 (Glasgow 1950).

ein Blitz. Den Frommen freilich zeigte er sich freundlich, den Gottlosen aber unerbittlich streng. Die frechen Söldner setzte er in Schrecken, die angstvollen Frauen ermutigte er. Sie waren es ja, denen der Herr selbst zu allererst erschien, weil ihre tiefe und innige Liebe dies verdiente. Dann wurde er von Petrus gesehen, danach von den Jüngern, die nach Emmaus unterwegs waren. Darauf ließ er sich vor den Aposteln sehen, mit Ausnahme des Thomas; und dann ließ er sich von Thomas berühren – worauf dieser voll Glauben rief: „Mein Herr und mein Gott“ (Joh 20,24). So erschien er den Jüngern durch vierzig Tage hindurch in vielfacher Weise; und er aß und trank mit ihnen.

Uns aber erleuchtete er durch seine Beweisführungen zum Glauben und richtete durch seine Verheißungen unsere Hoffnung auf, um uns schließlich durch die himmlische Gabe zur Liebe zu entflammen.[80]

35. Jesus, höchste Zierde[81]

Ja, er ist die herrliche Blüte aus der Wurzel Jesse (Jes 11,1): Sie blühte in der Menschwerdung, welkte in der

80 Die Beweisführungen *(argumenta)* sind die Jüngerunterweisung, wie sie etwa das Emmausgespräch spiegelt; die Verheißungen werden vor allem bei der Himmelfahrt gegeben; die Gaben vom Himmel beziehen sich auf das Pfingstfest, an dem der Hl. Geist als die göttliche Liebe in die Herzen ausgegossen wird.

81 Vgl. das bekannte Lied, Gotteslob Nr. 559: „Mein schönste Zier und Kleinod bist / auf Erden du, Herr Jesu Christ...“ (Text: Leipzig 1597).

Passion, blühte wieder auf in der Auferstehung, um die Zierde aller zu sein. Denn jener ganz und gar herrliche Leib, fein, beweglich und unsterblich[82], ist von solch strahlendem Glanz überkleidet, dass sein Leuchten wahrhaftig die Sonne übertrifft. Er ist Urbild und Quellgrund jener Schönheit, die bei der Auferweckung dem Leib derjenigen Menschen eignen wird, von denen der Erlöser sagt: „Die Gerechten werden leuchten wie die Sonne im Reiche ihres Vaters" (Mt 13,43); das heißt, in der ewigen Seligkeit. Wenn nun jeder Gerechte wie die Sonne leuchten wird, von welchem Glanz, meinst du, wird die Sonne der Gerechtigkeit selbst sein! Von einem Glanz, sage ich, „der die Sonne und das ganze Sternenheer an Schönheit übertrifft, und mit dem Lichte selbst verglichen" (Weish 7,29) mit vollem Recht die alles überragende Zierde genannt werden darf.

Glücklich jene Augen, welche [ihn in dieser Schönheit] sahen. Aber auch du wirst wahrhaft selig sein, wenn du endlich jene über alles ersehnte Schönheit mit dem

---

82 Nach der klassischen theologischen Lehre, die auf den biblischen Berichten über die Erscheinungen des Auferstandenen basiert, wird der auferstandene, verklärte Leib vier Eigenschaften haben. Sie verweisen auf die Vollendung der Materie und entsprechen der Vollendung der geistigen Seele, die zu ihrer vollkommenen Freiheit gelangt ist: in Erkenntnis und Liebe Gottes. Um an dieser Seligkeit Anteil zu haben und der Seele kongenial zu sein, wird der Leib von „feiner Materie und leicht beweglich" sein (*subtile, agile*: im Unterschied zu der jetzt oft widerständigen, schwerfälligen Materie), er wird „leuchtend und schön" sein, also durchlässig für die innere Schönheit, und „unsterblich", das heißt auch: leidensunfähig.

Blick des Geistes wie des Leibes schauen wirst (vgl. Tob 13,20 Vg).

36. Jesus, Herrscher des Erdkreises

Bei seinem Erscheinen vor den Jüngern in Galiläa bekräftigte der Herr, dass ihm „alle Gewalt im Himmel und auf Erden vom Vater übergeben“ sei (Mt 28,16-20). Deswegen sandte er auch die Jünger „in die ganze Welt, allen Geschöpfen das Evangelium zu verkündigen“. Sie sollten den Glaubenden das Heil verheißen, denen, die nicht glauben wollten, die Verwerfung androhen. Der Herr wollte mit ihnen wirken und ihre Predigt mit Wunderzeichen bekräftigen. So sollten sie in der Kraft des Namens Jesu Christi allem Geschaffenen, auch den Krankheiten, befehlen. Der ganzen Welt und allen Zeiten sollte offenbar werden, dass der Sohn des Vaters, Jesus Christus wie ein zweiter Joseph[83] und wahrer „Retter“ lebt und herrscht, und nicht nur im Land Ägypten, sondern „an jedem Ort der Herrschaft“ des ewigen Königs (vgl. Ps 103,22).[84] Der Gott des Himmels befahl, und er wurde herausgeführt aus dem Kerker des Todes und der Unterwelt, das Haar der Sterblichkeit wurde

---

83 Die Anspielung bezieht sich auf Joseph von Ägypten (Gen 41,45), der „Retter der Welt“ genannt wurde, weil er im voraus die richtigen Maßnahmen gegen die katastrophale Hungersnot ergriffen hatte.

84 Die beiden folgenden Sätze stammen aus Anselm bzw. Ekbert, *Meditatio IX* (Hug/Barth 146).

ihm abgeschnitten[85], er wandelte das Kleid des Fleisches in die Zierde der Unsterblichkeit. Gleichsam als wahrer Moses, nämlich aus dem Wasser des Todes gezogen[86], vernichtete er die Herrschaft des Pharao. Er wurde zu solcher Ehre erhoben, dass „vor seinem Namen sich jedes Knie im Himmel, auf der Erde und in der Unterwelt beugen wird“ (Phil 2,10).

---

85 Das Scheren des Haares wird hier im Sinne des Opfergestus verstanden, der die Hingabe des gesamten Lebens einer Person an Gott versinnbildet, und damit den Beginn eines neuen, in die Sphäre Gottes gehörenden Lebens (vgl. etwa den Taufritus der östlichen Christen, die Tonsur anlässlich der Mönchsweihe und die Klerikertonsur).

86 Der Name Mose, den er von der Tochter des Pharao erhalten hatte, bedeutet: „aus dem Wasser gezogen“ (Ex 2,5ff).

Die zehnte Frucht: Seine Hoheit in der Himmelfahrt

37. Jesus, Heerführer

Vierzig Tage waren seit der Auferstehung des Herrn vergangen, und es ist nicht ohne tiefe Bedeutung für dieses Geheimnis, dass der gütige Meister am vierzigsten Tag mit den Jüngern Mahl hielt, dann auf den Ölberg stieg, und dort „vor ihren Augen" mit erhobenen Händen zum Himmel emporgehoben wurde. Eine Wolke schob sich dazwischen, sie nahm den Aufsteigenden auf und entzog ihn den Blicken der Menschen. Indem er so „zur Höhe aufstieg, führte er alle Gefangenschaft gefangen mit sich" (Ps 68,19)[87]; er öffnete des Himmels Tor und bereitete den Weg (Mi 2,13) denen, die folgen sollten; die Verbannten führte er in sein Reich und machte sie zu Mitbürgern der Engel und zu Hausgenossen Gottes (Eph 2,19):

Auf diese Weise sollte er die Reihen der gefallenen Engel wieder aufbauen[88], die Ehre des Ewigen Vaters mehren, sich selbst als siegreich triumphierend erweisen und als „Herrn der Scharen".

---

87 Die Formulierung ist gebildet wie: „Tod, ich bin dein Tod" – die Gefangenschaft wird von Christus gefangen genommen: die Gefangenen werden damit frei.

88 Bonaventura nimmt hier auf die verbreitete Vorstellung Bezug, dass ein Teil der Seligen an die Stelle der gefallenen Engel treten wird.

38. Jesus, zum Himmel erhoben

Unter dem Gesang der Engel und dem Jubel der Heiligen stieg Gott, der Herr der Engel und der Menschen, über die Himmel der Himmel empor (Ps 68,34)[89]; er flog auf den Flügeln des Windes (Ps 18,11) mit der wundersamen Beweglichkeit, die seiner Macht entspricht, und setzte sich zur Rechten des Vaters. Um so viel höher wurde er über die Engel gestellt, wie der Name, der ihm gegeben wurde, ihren Namen übertrifft (Hebr 1,4). Und dort erscheint er immerdar vor dem Angesicht des allgütigen Vaters, um für uns einzutreten (Hebr 9,24). Ja, ein Hoherpriester von solcher Art war für uns angemessen: heilig, unschuldig, unbefleckt, aus den Sündern herausgenommen und über die Himmel erhöht (Hebr 7,25f.). Ein Hoherpriester, der zur Rechten der Majestät steht, und dem Antlitz der Herrlichkeit des Vaters die Male der Wunden zeigt, die er für uns erlitten hat.

„Jede Zunge soll dir, Herr und Vater, Dank sagen für dieses unaussprechliche Geschenk deiner überströmen-

89 Die ursprünglich hebräische Wortfigur „Himmel der Himmel" bedeutet mehr als eine bloße Steigerung: Nach der mittelalterlichen Kosmologie, die keineswegs eindimensional dachte, gibt es mehrere Himmel – das Firmament, den Kristallhimmel und den Feuerhimmel – , und nur der letzte ist der Aufenthalts-„ort" der Engel. Dieser „Ort" hat seine eigenen Gesetzmäßigkeiten, ebenso wie die Engel auch eine eigene „Zeit" haben *(aeviternitas)*. Die „Himmelfahrt" des Auferstandenen wird daher nicht einfach als eine Aufwärtsbewegung gedacht, sondern als ein Durchschreiten aller geschaffenen Sphären: der Unterwelt, der Erde, des sichtbaren Himmels und der Himmel „über dem Himmel".

den Liebe: Du hast deinen einzigen Sohn, den Sohn deines Herzens, nicht geschont, sondern ihn für uns alle hingegeben in den Tod (vgl. Röm 8,32), damit wir im Himmel einen so mächtigen und so getreuen Fürsprecher vor dir haben."[90]

39. Jesus, der den Geist in Fülle gibt

Sieben mal sieben Tage waren seit der Auferstehung vergangen, und als nun am fünfzigsten Tag „die Jünger zusammen mit den Frauen und Maria, der Mutter Jesu, versammelt waren, da erhob sich plötzlich vom Himmel her ein Brausen, als käme ein heftiger Wind (*spiritus*)[91] auf." Er kam herab auf eine Schar von hundertzwanzig Menschen und erschien „in feurigen Zungen" (Apg 1,1-4); denn er sollte dem Mund das *Wort*, dem Verstand das *Licht* und dem Herzen die *Glut* verleihen. „Alle wurden erfüllt vom Heiligen Geist und begannen in verschiedenen Sprachen zu reden", so wie es ihnen der Antrieb dieses Geistes eingab.

Er lehrte sie alle Wahrheit, entzündete in ihnen alle Liebe und festigte sie in aller Tugend. Sie waren gering an Zahl, und sie waren einfache, ungebildete Menschen – und doch waren sie es, die mit der Glut ihrer Wor-

---

90 Hier schöpft Bonaventura ebenfalls aus Anselm bzw. Ekbert, *Meditatio IX* (Barth/Hug, S. 147f.)

91 Wie im Griechischen *(pneuma)*, so hat auch der lateinische Ausdruck *spiritus* beide Bedeutungen: *Geist* und *Atem* bzw. *Windhauch.*

te, der Vollkommenheit ihres Vorbilds und mit Wundertaten, in der ganzen Welt „die Kirche mit ihrem Blut einpflanzten“[92]; denn sie hatten die Hilfe Seiner Gnade, waren erleuchtet von Seiner Belehrung, gestärkt von Seiner Macht. Die Kirche aber, durch die Kraft des Heiligen Geistes gereinigt, erleuchtet und vollkommen gemacht[93], wird dadurch ihrem Bräutigam und seinen Begleitern (vgl. Joh 3,29) liebenswert; denn sie ist über die Maßen schön und staunenswert vielfältig geschmückt. Dem Satan aber und seinen Engeln ist sie schrecklich wie ein zum Kampf aufgestelltes Heer (Hld 6,3).

40. Jesus, der von Schuld löst

In dieser Kirche, die über dem ganzen Erdkreis ausgebreitet ist, die durch das wunderbare Wirken des Heiligen Geistes Vielfältigkeit und zugleich Einheit besitzt, hat der *eine* Hohepriester Christus den Vorsitz. Er ist gleichsam der höchste *heilige und heiligende Herrscher*[94]. In der Kirche – die ein Bild der himmlischen

---

92 Röm. Brevier, Commune der Apostel , 3. Nocturn, 1. Responsorium.

93 Reinigung – Erleuchtung – Vollendung/Vereinigung *(purgatio – illuminatio – perfectio):* bezeichnen die Aspekte der Angleichung an Gott: Heiligkeit in allem Tun, Wahrheit im Erkennen, Liebe im Willen.

94 lat. *hierarcha:* wörtlich: „heiliger Herrscher“, hängt zusammen mit *hierarchia* – „heilige Herrschaft/heiliger Ursprung/ heilige *Ordnung*“. In Bonaventuras Theologie, die hier ganz offensichtlich von der Terminologie des Dionysius-Areopagita (s. auch Anm. 106) geprägt ist, meint *hierarchia* im geschöpflichen Bereich (der Engel und der Kirche) die Ordnung, wie sie dem Wil-

Stadt Jerusalem ist – teilt er in wunderbarer Ordnung Dienste und ihnen entsprechende Würden zu[95], indem er Gnadengaben verleiht. „Denn in der Kirche setzte er einige als Apostel ein, andere als Propheten, andere als Evangelisten, wieder andere als Hirten und Lehrer, zur Vollendung der Heiligen und zur Auferbauung des Leibes Christi" (Eph 4,11f.). Er gab auch, entsprechend der siebenfachen Gnade des Heiligen Geistes, sieben Sakramente – gleichsam Heilmittel für die Krankheiten der Menschen[96]. Durch die Spendung der Sakramente teilt er die heiligmachende Gnade mit und lässt die Sünden nach. Die Nachlassung der Schuld aber setzt das Band des Glaubens und der Einheit mit der heiligen Mutter Kirche voraus.

Im Feuer der Bedrängnis wird man von Sünden gereinigt. Darum ließ Gott auch Christus, insofern er das

---

len Gottes entspricht; sie ist ein Abbild der Ordnung, die der dreipersönliche Gott in sich selbst ist. Die Ordnung im Bereich des Geschaffenen wird aufgebaut und sozusagen „eingeflößt" durch Gott, indem er die Gnade gibt – was dann als *hierarchizatio* bezeichnet wird (eigentlich: Heiligung als Verähnlichung und Rückbindung an den Ursprung). Der „heilige Herrscher" ist zugleich der *„heiligende Herrscher"*, das Prinzip und der Vermittler der heiligen Ordnung. Die Vollendung dieser Ordnung ist in der „himmlischen Bürgerschaft" gegeben, dem himmlischen Jerusalem, zu dem Engel und Heilige gehören. Die pilgernde Kirche ist das Abbild davon, das noch auf dem Weg ist.

95 *officia dignitatum* (die Genitiv-Konstruktion ist im Dt. nicht nachzuahmen): der Genitiv bringt den inneren Zusammenhang zwischen *Stellung* und *Aufgabe* zum Ausdruck; der folgende Halbsatz erläutert, dass die „Ämter" „Gnadengaben" sind.

96 Ausführlich dazu *Breviloquium* VI (dt. Einsiedeln 2002, 233-253).

Haupt der Kirche ist, die Flut des Leidens erdulden[97]; und ebenso lässt er zu, dass auch sein Leib, das heißt: seine Kirche, bis zum Ende der Zeiten durch Prüfung und Läuterung bedrängt wird. So gingen die Patriarchen, so die Propheten (vgl. Hebr 11), so die Apostel, so die Martyrer, Bekenner und Jungfrauen und alle, die Gottes Gefallen fanden, durch viele Bedrängnisse und blieben dabei voll Glauben. So werden auch alle anderen erwählten Glieder Christi bis zum Tag des Gerichtes ihren Weg wandern.

97 Christus, der ohne Sünde war, bedurfte in seiner Person selbstverständlich keiner Reinigung; jedoch sollte an ihm als dem „Haupt" das gleiche prototypisch geschehen, was an den Gliedern geschehen würde.

Die elfte Frucht: Die Gerechtigkeit seines Gerichts

41. Jesus, wahrhaftiger Zeuge

Wenn die Zeit des künftigen Gerichts naht, da Gott die geheimen Gedanken der Herzen richten wird, wird Feuer dem Antlitz des Richters vorausgehen (Ps 97,3; vgl. 2 Thess 1,8), Engel mit Posaunen werden ausgesandt und die Erwählten werden von den vier Winden des Himmels versammelt (Mt 24,31). Auch werden alle, die in den Gräbern ruhen, kraft göttlichen Befehls auferstehen, und „alle werden vor jenem Richterstuhl erscheinen" (Röm 14,10). Dann wird „das im Finstern Verborgene ans Licht kommen" (1 Kor 4,5), die geheimen Pläne der Herzen werden enthüllt, jedes Gewissen liegt offen wie ein aufgeschlagenes Buch, und auch jenes Buch wird geöffnet, welches „Buch des Lebens" heißt (Offb 20,12). Dadurch werden sogleich und in einem Augenblick alle Geheimnisse aller Menschen allen mit solcher Deutlichkeit und Gewissheit offenbar, dass gegen das Zeugnis der Wahrheit, die in Christus spricht und zugleich durch das Gewissen eines jeden Einzelnen bestätigt wird, keine Ausflüchte, Verteidigungen, Entschuldigungen, Abschwächungen mehr möglich sind. Vielmehr wird jeder das erhalten, was seinen Werken entspricht (Offb 2,23).

„Wie sehr muss unser Ziel die Rechtschaffenheit sein, da all unser Tun vor dem Auge des Richters geschieht, der alles sieht?“[98]

42. Jesus, erzürnter Richter

Wenn das Zeichen des Sohnes des allmächtigen Gottes mit den Wolken erscheint (vgl. Mt 24,30; Lk 21,25-27), alle Kräfte des Himmels erschüttert werden und alles Feuer der Welt sich sammelt, um den Erdkreis zu verzehren, wenn dann alle Gerechten zur Rechten, die Gottlosen aber zur Linken stehen, dann wird das Antlitz des Richters über alle Welt den Verworfenen so erzürnt erscheinen, dass sie zu den Bergen und Felsen sagen: „Fallt über uns und verbergt uns vor dem Angesicht dessen, der auf dem Thron sitzt, und vor dem Zorn des Lammes“ (Offb 6,16). „Als Brustpanzer wird er die Gerechtigkeit anlegen, und als Helm das unbezweifelbare Urteil. Sein Schild ist die unangreifbare Gerechtigkeit, sein gewaltiger Zorn ist eine scharfe Lanze; mit ihm wird der ganze Erdkreis gegen diejenigen kämpfen, deren Sinn verkehrt ist“ (Weish 5,19). Denn wer sich frech gegen den Urheber von allem erhob, gegen den erhebt sich nach dem gerechten Urteil Gottes alle Schöpfung zum Kampf.

„Aus der Höhe erscheint der Richter in seinem Zorn, in der Tiefe zeigt sich das schreckliche Chaos, die Un-

98 Boethius, *Trost der Philosophie, Prosa 6.*

terwelt steht offen. Zur Rechten die Vergehen, die den Sünder anklagen, zur Linken unzählige Dämonen. So umzingelt, wohin soll der Sünder fliehen? Verborgen zu bleiben ist unmöglich, sich sehen zu lassen ist unerträglich. ‚Wenn nämlich schon der Gerechte gerade noch gerettet wird, wie wird dann der Gottlose und Sünder da stehen?' (1 Petr 4,18)"[99]. „So geh also nicht ins Gericht mit deinem Knecht, o Herr!" (Ps 143,2).

43. Jesus, herrlicher Sieger

Dann wird das Urteil über die Verworfenen gesprochen, dass sie in das ewige Feuer geworfen werden (vgl. Mt 25,41). Alle Feinde Jesu Christi werden [wie Unkraut] gebündelt (Mt 13,30) und mit Leib und Geist kraft der Allmacht Gottes jenem nie erlöschenden Feuer übergeben; sie brennen und werden doch nicht verzehrt, sondern empfinden dies für immer, und „der Qualm ihrer Pein steigt auf für alle Zeiten" (Offb 14,11). „Das Tier und der Lügenprophet und alle, die das Zeichen [des Tieres] angenommen hatten, wurden in den See von Feuer und Schwefel geworfen" (Offb 19,20), „der bereitet ist für den Teufel und seine Engel" (Mt 25,41). Dann werden die Erwählten „hinausgehen, die Leichen zu sehen" (Jes 66,24)[100], tot nicht durch den natürlichen Tod, sondern durch den Tod der Strafe (vgl. Offb 21,8). „Die

99 Vgl. Anselm von Canterbury, *Meditatio II* (Barth/Hug, S. 51).

100 Der Text lautet vollständig: „Sie werden hinausgehen und die Leichen derer sehen, die sich gegen Mich erhoben haben".

Gerechten werden ihre Hände waschen im Blut der Sünder" (Ps 58,11 Vg)[101]; das siegreiche Lamm wird „seine Feinde als Schemel zu seinen Füßen" liegen haben (Ps 110,1), wenn „die Gottlosen den Tiefen der Erde, der Gewalt des Schwertes und als Beute den Schakalen übergeben werden" (Ps 63,10f.), nämlich den Dämonen, die sie mit ihrem Trug vom rechten Weg abgezogen haben.

44. Jesus, im Schmuck des Bräutigams

Dann endlich wird „das Angesicht der Erde erneuert" und verschönt, wenn „das Licht des Mondes sein wird wie das Licht der Sonne, und das Licht der Sonne siebenmal so hell wie das Licht von sieben Tagen" (Jes 30,26). Jene „ heilige Stadt Jerusalem, die vom Himmel herabsteigt wie eine Braut in ihrem Schmuck", nun „bereit zur Hochzeit des Lammes" (Offb 21,2.10), angetan mit dem zweifachen Ehrengewand[102], wird in den Palast des Himmels eingeführt. Eingeführt in jenes heilige und verborgene Brautgemach, wird sie dem himmlischen Lamm im Ehebund vereint, so dass Braut und Bräutigam „eines Geistes" sind (1 Kor 6,17). Und Christus bekleidet sich mit der Schönheit seiner Erwählten wie mit einem vielfarbigen Gewand (vgl. Gen 37,3; Ez 16,13), und so erstrahlt er in jeder Art von Schmuck, über und

101 EÜ: „Dein Fuß wird baden im Blut..."

102 Das doppelte Ehrengewand *(stola gloriae)* meint die Verherrlichung der *Seele* und des *Leibes* der Erwählten, vgl. *Breviloquium* VII, 7.

über bedeckt mit allen Edelsteinen.[103] Dann wird jenes süße Hochzeitslied erklingen, und in allen Straßen Jerusalems wird man das Halleluja singen. „Die klugen Jungfrauen, die bereit sind, werden mit dem Bräutigam zur Hochzeit gehen, die Tür wird geschlossen" (Mt 25,10), damit sie „sich setzen können am lieblichen Ort des Friedens, in den Zelten der Treue, und Ruhe in Fülle genießen" (Jes 32,18).

103 Die Ehre der Braut ist die Ehre des Bräutigams („Gütergemeinschaft"!). Es geht um den „ganzen Christus, Haupt und Leib". Christus als *Haupt* hat seinen *Leib/seine Glieder* beschenkt, und deren dadurch gewonnene Schönheit wird von ihm wiederum als seine eigene Ehre und Freude angenommen.

Die zwölfte Frucht: Die Ewigkeit seines Reiches

45. Jesus, König und Sohn des Königs

Es ist vollkommen klar, dass das Reich Gottes als ewig zu denken ist, als herrlich und erhaben, wie es der Erhabenheit seines Herrschers entspricht. Denn das Wort „König“ ist nicht vom „Königreich“ abgeleitet, sondern umgekehrt. Er, Jesus, ist der König, auf dessen Gewand und Gürtel geschrieben steht: König der Könige und Herr der Herrscher (Offb 19,16). Seine Herrschaft ist ewig, nie wird sie aufgehoben. Sein Königreich geht nie zugrunde. Ihm „werden dienen alle Stämme und Völker und Sprachen“ (Dan 7,14) für ewige Zeiten. Und er ist wahrhaft der Friedensfürst (1 Chr 22,9), „dessen Antlitz zu schauen Himmel und Erde sich sehnen“ (1 Kg 10,24).

Wie herrlich ist das Reich dieses Königs, der alle Könige überragt! In diesem Reich herrschen alle Gerechten mit ihm. Sein Gesetz heißt: Wahrheit, Friede, Liebe, Leben, Ewigkeit. Auch wenn hier viele herrschen, erleidet dieses Reich doch keine Spaltung; auch wird die Herrschaft nicht gemindert, dadurch dass viele an ihr teilhaben. Die Vielzahl derer, die dort herrschen, bringt keine Verwirrung; ihre Verschiedenheit bewirkt keine Unordnung. Diesem Reich legen weder Raum noch Zeit noch Veränderung Schranken auf.

46. Jesus, versiegeltes Buch

Zur Vollkommenheit erfordert die Herrlichkeit dieses Reiches nicht nur unvergleichliche *Macht*, sondern auch strahlende *Weisheit*. Denn die Lenkung des Reiches ruht nicht auf rein willkürlichem Entscheid, sondern auf dem Glanz der Ewigen Gesetze, die unverfälscht aus dem Licht der Weisheit selbst quellen. Diese Weisheit ist in Christus Jesus niedergeschrieben, er ist ja gleichsam das Buch des Lebens, in dem Gott Vater „alle Schätze der Weisheit und Erkenntnis" (Kol 2,3) niedergelegt hat. So ist der Einziggeborene Sohn Gottes das Buch der Weisheit und das Licht: *als ungeschaffenes Wort* im Geist Gottes des Schöpfers, voll von den lebendigen und ewigen Seinsgründen. *Als eingehauchtes Wort* ist er im Geist der Engel und der Seligen. *Als fleischgewordenes Wort* ist er Weisheit und Licht für die menschlichen Seelen, die mit einem Leib aus Fleisch verbunden sind. So sollte die „vielfältige Weisheit Gottes" aus ihm und in ihm überall in seinem Reich widerleuchten: Wie in einem Spiegel, der die Schönheit aller Formen und alles Lichthafte enthält; oder wie in einem Buch, in dem all die tiefen Geheimnisse Gottes niedergeschrieben sind[104].

O wenn ich doch dieses Buch finden könnte, dessen Ursprung ewig, dessen Inhalt unzerstörbar ist!

---

104 Vgl. *Breviloquium* I, 8.

Es zu erkennen bedeutet leben (vgl. Joh 17,3)! Seine Schrift ist unauslöschlich (vgl. Mk 13,31), sein Anblick höchst ersehnt (vgl. Lk 10,24; 1 Petr 1,12), seine Lehre ist leicht (vgl. Mt 11,30), das in ihm enthaltene Wissen beseligt, (vgl. Weish 8, 18; Sir 24; 51,13-30), seine Tiefe ist unerforschlich, seine Worte sind unaussprechlich (vgl. 2 Kor 12,4) – und alle Worte zusammen sind nur das eine WORT!

Wahrhaftig, wer dieses Buch findet, der „wird Leben finden und Heil schöpfen von Gott" (Spr 8,35).

47. Jesus, Quellstrahl des Lichts[105]

In diesem ewigen Reich „fließen alle guten Gaben und jedes vollkommene Geschenk vom Vater des Lichtes herab" (Jak 1,17). Sie strömen in Fülle herab durch Christus Jesus, den überwesentlichen Strahl[106]. „Obwohl er einer

105 Die Übersetzung „Quellstrahl" ist nach der Analogie „Quellwasser" gebildet. Das lat. *Fontalis radius* besagt nämlich nicht nur irgendeine Beziehung des Strahls zur Lichtquelle, sondern eine *unmittelbare* Verbindung. Der Strahl ist hier nicht „Widerschein" oder „Abglanz", sondern von gleichem Wesen wie die Lichtquelle. S. auch die folgende Anmerkung.

106 Hier wird die göttliche Natur des Sohnes betont. Der Ausdruck „überwesentlich" *(superessentialis)* entspricht der Terminologie des Dionysius Areopagita, eines für die mittelalterliche Mystik sehr bedeutsamen Autors des 5. Jahrhunderts. Um zum Ausdruck zu bringen, dass die Eigenschaften Gottes unsere begriffliche Erkenntnis und unsere Aussagemöglichkeiten überschreiten, bevorzugt er Zusammensetzungen mit *hyper/super*. Wenn der Sohn Gottes als „überwesentlicher Strahl" bezeichnet wird, so wird damit gesagt, dass das sichtbare wie das geistige Licht, das wir kennen, eine Analogie bietet zum Verhältnis von Vater

ist, vermag er doch alles; er bleibt in sich, und verändert doch alles. Er ist gewissermaßen das reine Ausfließen der Klarheit und Kraft des allmächtigen Gottes", und nichts Unlauteres vermag diesen Strahl aus der Quelle zu trüben (Weish 7, 25).

Wer immer du bist, gottliebende Seele: Eile mit lebendigem Verlangen zu dieser Quelle des Lebens und der Erleuchtung! Rufe zu ihm mit der ganzen Kraft deines Herzens:

„O unzugängliche Schönheit des erhabenen Gottes,
o lauterste Klarheit des ewigen Lichtes,
Leben, das allem Lebendigen das Leben verleiht,
Licht, das alles andere Licht leuchten lässt,
Licht, das seit dem ersten Schöpfungstag tausendmal tausend strahlende Leuchten vor dem Thron deiner Gottheit in immerwährendem Glanz erhält![107]

O ewiger, unzugänglicher, reiner und süßer Strom der Quelle, die den Augen aller Sterblichen verborgen ist! Deine Tiefe ist ohne Grund, deine Höhe unend-

---

und Sohn in der Dreifaltigkeit. Während wir normalerweise jedoch den „Strahl" der „Quelle" unterordnen, ist der Sohn nicht „weniger" als der Vater, sondern hier ist der „Strahl" aus der Lichtquelle genauso „unaussprechlich" und „über allem Seienden" *(superessentialis)* wie die Quelle selbst.

107 Gemeint sind die Engel, die in der patristischen Auslegung des Schöpfungsberichts häufig als das geistige Licht interpretiert werden, das am ersten Tag erschaffen wurde (noch vor der Erschaffung von Sonne, Mond und Sternen am vierten Tag).

lich, deine Weite unbegrenzbar, deine Reinheit vermag nichts zu trüben."[108]

Daraus fließt der Strom des Freudenöls (Ps 45,8); der Strom, der die Gottesstadt erfreut (Ps 46,5), ein Sturzbach feuriger Kraft, ein Sturzbach göttlicher Wonne (Ps 36,9). An ihm berauschen sich voll Freude, die teilnehmen am himmlischen Mahl (vgl. Hld 5,1), und singen Dir Loblieder ohne Unterlass.

Salbe doch auch uns mit diesem heiligen Öl, und benetze mit den heiß ersehnten Tropfen aus jenem Strom die dürstende Kehle ausgedörrter Herzen!

Dann wollen wir dir „mit Jubel und Dank" (Ps 42,6) Loblieder singen, denn wir haben erfahren und können bezeugen: „Bei dir ist die Quelle des Lebens, in deinem Licht werden wir schauen das Licht." (Ps 36,10).

48. Jesus, ersehntes Ziel

Ganz sicher ist das Ziel aller unserer Sehnsucht die Glückseligkeit, ein „Zustand, der dadurch vollkommen ist, dass alle Güter in ihm versammelt sind"[109]. Zu diesem Zustand gelangt nur derjenige, der alle Güter zurückverfolgt auf ihren Grund: auf ihn, der Quelle und Ursprung der natürlichen und der gnadenhaften, der leiblichen und der geistlichen, der zeitlichen und der ewigen Güter ist. Er ist es, der von sich selbst sagt: „Ich

---

108 Anselm bzw. Ekbert, *Meditatio IX* (Barth/Hug S. 155f.)

109 Boethius, *Trost der Philosophie* III, prosa 2. Die Definition des Boethius war gewissermaßen Gemeingut.

bin das Alpha und das Omega, der Anfang und das Ende“ (Offb 1,8). Durch das Wort, das von Ewigkeit her gesprochen ist, ist alles erschaffen; ebenso wird durch das Wort, das sich mit dem Fleisch geeint hat, alles wiederhergestellt, gefördert und schließlich vollendet. Darum ist „Jesus“ sein wahrer Eigenname; „denn es ist uns Menschen kein anderer Name unter dem Himmel gegeben“, durch den man Heil erlangen könnte (Apg 4,12).

An dich, das Ziel aller Dinge glaube ich, ich hoffe auf dich, ich liebe dich mit ganzem Herzen, mit all meinen Gedanken, mit ganzer Seele, mit all meiner Kraft (vgl. Mk 12,30). Glaubend, hoffend und liebend eile ich zu dir, Jesus, mein Verlangen. Du allein genügst, du allein errettest, du allein bist gut und liebevoll zu denen, die dich suchen und die deinen Namen lieben (vgl. Ps 5,12). „Du allein, mein guter Herr Jesus, bist der Erlöser der Verlorenen, der Heiland der Erlösten, die Hoffnung der Verbannten, die Stärke derer, die sich abmühen; du bist süßer Trost für angstvolle Herzen, du bist die Krone und herrscherliche Würde derer, die durch dich triumphieren. Du bist der einzige Lohn, die einzige Freude aller Bürger des Himmels:

Du, der erhabene Sohn des Allerhöchsten und die edle Frucht des jungfräulichen Schoßes,

überströmender Quell aller Gnaden, aus dessen Fülle wir alle empfangen haben‘ (Joh 1,16).“[110]

---

110 Nochmals Anselm bzw. Ekbert, *Meditatio IX* (Barth/Hug, S. 155).

n. 49 Gebet am Ende des Lignum vitae

So bitten wir nun den gütigsten *Vater* [111]

durch dich, seinen eingeborenen *Sohn*, der für uns Mensch wurde, den Kreuzestod erlitt und verherrlicht wurde,

er sende aus seinen Schatzkammern auf uns den *Heiligen Geist*, der über dir in der Fülle ruhte:

Den Geist der Weisheit, durch die wir die Frucht des Lebensbaumes, der in Wahrheit du bist, und ihren lebensspendenden Geschmack verkosten,

die Gabe der Einsicht, die Licht in unseres Geistes Augen strahlt,

die Gabe des Rates, so dass wir deinen Spuren folgen, auf rechtem Pfade wandern,

die Gabe der Stärke, in der wir der Gewalt andringender Feinde die Kraft zu nehmen vermögen,

die Gabe des Wissens, durch die wir, erfüllt vom Glanze deiner heiligen Belehrung, Gut und Böse zu unterscheiden verstehen,

die Gabe der Barmherzigkeit, in der wir uns bekleiden mit herzlichem Erbarmen,

die Gabe auch der Furcht, in der wir unsern Schritt von jedem bösen Weg zurückziehn, und unsere Ruhe finden, weil das Gewicht der Ehrfurcht, die deiner ewigen Majestät gebührt, uns stillt.

111 Der Beginn erinnert an das Hochgebet I : „*Te igitur clementissime Pater...*“

Literatur

Marianne Schlosser, Bonaventura begegnen, Augsburg 2000.

Bonaventura: Breviloquium, Einsiedeln 2002 (CMe 52).

Bonaventura: Der Pilgerweg des Menschen zu Gott, St. Ottilien 2010.

Bildnachweis

S. 9: Der Lebensbaum, aus dem Lateinischen, des heiligen Kirchenlehrers und Cardinals Bonaventura, zweite erw. Auflage. Mit einem Lichtdruck, drei Facsimiles und zwei Notenbeilagen, Freiburg (Herder) 1888

S. 14: Bonaventura, Opera omnia, Bd. VIII

SCHRIFTEN ZUR GEISTLICHEN UNTERWEISUNG

Emmanuel Jungclaussen OSB
Unterweisung im Herzensgebet

3. verbesserte Auflage, 128 Seiten
broschiert, € 9,80
ISBN 978-3-8306-7344-6

Das Jesus-Gebet möchte den Geist sammeln und einen Weg nach innen öffnen. Die Einübung geht vom Leib als Ort und Instrument der Sammlung aus. Die Anrufung des Namens Jesu macht frei für Hingabe und Dank, so dass Zuwendung zum Nächsten und zur Schöpfung möglich wird.

Angela von Foligno
Das Memorial und die Letzten Worte

hrsg. von Louise Gnädinger
240 Seiten, broschiert, € 14,95
ISBN 978-3-8306-7535-8

Angela von Foligno (1248 – 1309) trat nach einem Bekehrungserlebnis in den Dritten Orden der Franziskaner ein. Ihre Texte, die um Selbsthingabe und Kreuzesnachfolge kreisen, sind ein wichtiges Zeugnis mittelalterlicher Frauenmystik.

Bonaventura
Der Pilgerweg des Menschen zu Gott

hrsg. von Marianne Schlosser
260 Seiten, broschiert, € 19,80
ISBN 978-3-8306-7425-2

Der franziskanische Theologe und Heilige Bonaventura (1221–1274) schuf mit seinem schmalen Buch »Itinerarium mentis« ein klassisches Werk christlicher Spiritualität. Die Betrachtungen sollen im Leser die Wahrnehmung der Gegenwart Gottes stärken.

Klosterverlag Sankt Ottilien - D-86941 Sankt Ottilien
www.eos-verlag.de - 08193 71701 - mail@eos-verlag.de

SCHRIFTEN ZUR GEISTLICHEN UNTERWEISUNG

Gertrud von Helfta
Geistliche Übungen

hrsg. von Johanna Schwalbe OSB und Manfred Zieger
196 Seiten, broschiert, € 9,80
ISBN 978-3-8306-7323-1

In den geistlichen Übungen der hl. Gertrud von Helfta (1256-1301/02) geht es um die vertiefte Hinwendung des Menschen zu Gott. In sieben Übungen werden christliche Grunderfahrungen wie Taufe, Umkehr, Sehnsucht nach Gott und die Vorbereitung auf den Tod vor Augen gestellt. Meditierend und betend kann so ein innerer Weg eröffnet werden.

Thomas von Kempen
Nachfolge Mariens.
Betrachtungen und Gebete

übersetzt von Ulrich Hamberger
3. Auflage, 128 Seiten, broschiert, € 9,80
ISBN 978-3-8306-7244-9

Die »Nachfolge Christi« des Augustinermönches Thomas von Kempen (um 1380-1471) gehört zu den meistgelesenen Büchern des Mittelalters. Die vorliegende Textauswahl stellt aus seinen sonstigen Schriften Betrachtungen über Maria zusammen.

David von Augsburg
Vom äußeren und inneren Menschen

hrsg. von Marianne Schlosser
280 Seiten, broschiert, € 19,80
ISBN 978-3-8306-7360-6

Mit dem Werk »Vom äußeren und inneren Menschen« verfasste der Franziskanermönch David von Augsburg eine viel gelesene Schrift zur geistlichen Unterweisung. Sie zeichnet sich durch Sensibilität für innere Haltungen und ihren Respekt vor dem Einzelnen und seinem geistlichen Weg aus.

Klosterverlag Sankt Ottilien - D-86941 Sankt Ottilien
www.eos-verlag.de - 08193 71701 - mail@eos-verlag.de